高等职业教育"十二五"规划教材

立信精品教材

外贸会计岗位核算综合实训

李向红 主　编

张　媛 副主编

立信会计出版社

LIXIN ACCOUNTING PUBLISHING HOUSE

图书在版编目(CIP)数据

外贸会计岗位核算综合实训/李向红主编. —上海：立信会计出版社,2014.8
高等职业教育"十二五"规划教材　立信精品教材
ISBN 978-7-5429-4262-3

Ⅰ.①外… Ⅱ.①李… Ⅲ.①对外贸易—会计—高等职业教育—教材 Ⅳ.①F740.45

中国版本图书馆 CIP 数据核字(2014)第206137号

责任编辑　陈　旻
封面设计　周崇文

外贸会计岗位核算综合实训

出版发行	立信会计出版社			
地　　址	上海市中山西路2230号	邮政编码	200235	
电　　话	(021)64411389	传　真	(021)64411325	
网　　址	www.lixinaph.com	电子邮箱	lxaph@sh163.net	
网上书店	www.shlx.net	电　话	(021)64411071	
经　　销	各地新华书店			
印　　刷	常熟市梅李印刷有限公司			
开　　本	710毫米×960毫米	1/16		
印　　张	17.75	插　页	1	
字　　数	327千字			
版　　次	2014年8月第1版			
印　　次	2014年8月第1次			
印　　数	1—3 100			
书　　号	ISBN 978-7-5429-4262-3/F			
定　　价	35.00元			

如有印订差错,请与本社联系调换

前 言

《外贸会计岗位核算综合实训》是一本工学结合的实训教材。它以外贸企业会计岗位需求为出发点,以学生的会计核算能力培养为核心,以外贸企业实际进出口业务为依据设计实训内容。学生通过完成各个实训项目,可以形成会计核算岗位意识,了解外贸会计的工作流程,掌握外贸会计核算基本技能,培养认真、仔细、踏实的工作作风。

本实训教材具有以下特点:

第一,按照外贸会计工作岗位选取实训项目体现真实性。

作者近一年来走访、调研了天津市多家国营及民营外贸企业,了解其会计岗位设置、进出口业务流程、搜集业务案例。与行业企业专家多次研讨最后确定了本实训教材的四个会计核算岗位,分别是外币业务核算岗、出口业务核算岗、出口退税核算岗和进口业务核算岗。这四个岗位的会计核算业务基本囊括了中小外贸企业95%以上的业务种类和业务量。这也恰恰瞄准了职业院校学生今后的就业方向,即中小企业方向。

第二,按照进出口业务流程梳理实训单据体现系统性。

作者通过赴各个外贸企业调研实践,搜集了大量的实训案例单据,这些实训单据形成了本实训教材很好的实训资源。并且,按照进出口业务流程和教学规律整理为各个会计核算岗位实训项目,使每个实训项目条理清楚,便于学生自主学习与教师辅导。学生在每一个外贸会计岗位中都依次经历了从原始凭证的审核、辨识、填写到记账凭证的填制,账簿的登记、报表的编制。这样的实训模式把外贸业务流程和会计核算程序有机地结合起来,使学生对外贸会计核算工作有清晰完整的认识。

第三,按照学生的认知规律逐步提升能力体现递进性。

本实训教材每一个会计核算岗位都设有两个或两个以上的实训项目,学生在教师指导下独立完成第一个训练项目后,会具备一定的核算能力,然后进入第二个实训项目的训练。第二个实训项目的特点是几乎没有任何文字介绍经济业务内容,而是由学生根据给出的真实业务的原始单据,独立分析经济业务内容及其过程,并作出恰当的会计处理。在能力提升训练项目中,会利用到训练项目一中学习到的实践技能和外贸会计核算的基本知识。从而体现了各个能力训练项目中层次递进的培养理念。

  第四，按照职业发展方向引导思考阅读体现拓展性。

  为了培养学生独立学习勤于思考的良好学习习惯，本实训教材还设有深度思考和拓展阅读两个栏目。让学生通过几个案例的实训，更深层次地思考一些会计核算与外贸业务中的常见问题。归纳、总结不同外贸会计业务中的相同点或不同点，从而避免机械地模仿记账，进一步巩固前面的训练成果。学生通过拓展阅读，能拓宽知识面，关注当前外贸企业乃至整个国家及世界经济中的热点问题，提高学习兴趣，为今后更广阔的职业发展奠定基础。

  本实训教材由天津商务职业学院会计系副教授李向红老师和天津利和集团财务部高级会计师张媛共同编著。特别感谢天津利和集团进出口有限公司财务部的大力支持。为保证教材质量，本实训教材由天津商务职业学院会计系系主任于强教授、天津外经贸会计学会高级顾问高级会计师魏祖唐老先生审核，并提出宝贵的改进意见。天津商务职业学院会计系沈正老师、天津雷德兰进出口贸易有限公司李玥、何璐负责了实训单据的打印及整理，在此特别表示感谢。

李向红

2014 年 8 月

目 录

与外贸会计有关的国际结算知识 1
  一、国际结算中的票据——汇票、本票、支票 1
  二、国际结算中的单据 3
  三、国际结算方式 7
  四、信用证（Letter of credit） 19

模拟企业背景资料 24

外币业务核算岗 25
  一、训练目标 25
  二、外汇收入与支出业务流程 25
  三、能力训练项目 25
    训练项目一　外汇收支业务会计核算训练 25
  四、深度思考 27
  五、拓展阅读 28

自营出口业务核算岗 33
  一、训练目标 33
  二、自营出口核算岗岗位操作流程 33
  三、能力训练项目 33
    训练项目一　自营出口业务全流程会计核算训练 33
    训练项目二　自营出口佣金会计核算训练 35
    训练项目三　自营出口核算能力提升 35
  四、深度思考 36
  五、拓展阅读 36

出口退税业务核算岗 ·········· 47
一、训练目标 ·········· 47
二、外贸企业办理出口退税业务流程 ·········· 47
三、能力训练项目 ·········· 47
训练项目一　出口退税相关表格填写 ·········· 47
训练项目二　关联号编写 ·········· 48
训练项目三　出口退税全流程会计处理 ·········· 48
四、深度思考 ·········· 49
五、拓展阅读 ·········· 49

代理出口业务核算岗 ·········· 56
一、训练目标 ·········· 56
二、代理出口核算岗岗位操作流程 ·········· 56
三、能力训练项目 ·········· 56
训练项目一　代理出口业务全流程会计核算训练 ·········· 56
训练项目二　代理出口业务核算能力提升 ·········· 57
四、深度思考 ·········· 58
五、拓展阅读 ·········· 58

自营进口业务核算岗 ·········· 61
一、训练目标 ·········· 61
二、自营进口核算岗岗位操作流程 ·········· 61
三、能力训练项目 ·········· 61
训练项目一　自营进口业务全流程会计核算训练 ·········· 61
训练项目二　自营进口业务核算能力提升 ·········· 63
四、深度思考 ·········· 63
五、拓展阅读 ·········· 63

代理进口业务核算岗 ·········· 68
一、训练目标 ·········· 68
二、代理进口核算岗岗位操作流程 ·········· 68

三、能力训练项目 ·· 68
　　训练项目一　代理进口业务全流程会计核算训练 ················· 68
　　训练项目二　代理进口业务核算能力提升 ························ 69
四、深度思考 ·· 70
五、拓展阅读 ·· 70

实训项目原始单据附件 ·· 73

与外贸会计有关的国际结算知识

一、国际结算中的票据——汇票、本票、支票

(一) 汇票

1. 汇票的票样

表1-1　　　　　　　　　　　汇票的票样

```
                        Bill of Exchange (①)
Drawn under
L/C NO._____ Dated_____ payable with interest @_____%_____
NO._____ Exchange for_____②_____      ⑦           ,
_____
At_____④_____ sight of this SECOND of Exchange (First of exchange being un-
paid)
②Pay to the order of _____⑥_____ the sum of _____②_____
To:_____③_____⑤_____
                                            _____⑧_____
```

2. 汇票的主要构成项目

汇票的主要构成项目包括：①"汇票"字样(The term "Bill of Exchange")；②无条件支付一定金额的命令(An unconditional order to pay a determinate sum of money)；③付款人(受票人)姓名[The name of the person who is to pay (drawee)]；④付款日期的记载(A statement of the time of payment)；⑤付款地点的记载(A statement of the place where payment is to be made)；(如无特殊记载，受票人姓名旁记载的地点视为付款地点。)⑥受款人或其他指定人的姓名(The name of the person to whom or to whose order payment is to be made)；⑦开立汇票的日期和地点的记载(A statement of the date and of the place where the bill is issued)；(未载出票地的汇票，出票人姓名旁所载的地点视为出票地。)⑧开立汇票的人(出票人)的签名(The signature of the person who issues the bill)。

我国《票据法》规定的汇票形式要件相比之下只少了付款时间，但第二十三条规定：汇票上未记载付款日期的，为见票即付。

实际业务中付款地点较少出现，因此可理解为付款人营业场所、住所等。而付

款日期虽可以不记载,但实际中一般都会记载于票面上。

(二) 本票

1. 本票的票样

表 1-2　　　　　　　　　　　　**本票的票样**

```
Promissory Note (①) for ___②_____      _____⑥_____
At _____③_____ sight we promise to pay (②) _____⑤_____
The sum of _____②_____
Payable at _____④_____
                                      For _____⑦_____
                                                Signature
```

2. 本票的基本项目

本票的基本项目包括:①"本票"字样(The term"Promissory Note");②无条件支付一定金额的命令(An unconditional order to pay a determinate sum of money);③付款日期的记载(A statement of the time of payment);④付款地的记载(A statement of the place where payment is to be made);⑤受款人或其他指定人的姓名(The name of the person to whom or to whose order payment is to be made);⑥签发本票的日期和地点的记载(A statement of the date and of the place where the promissory note is issued);⑦签发本票的人的签名(制票人)[The signature of the person who issues the instrument (maker)]。

(三) 支票

1. 支票的票样

表 1-3　　　　　　　　　　　　**支票的票样**

```
Cheque①                        _____⑤_____
② Pay to the order of _____⑦_____
The sum of _____②_____
                                                      ② 
HongKong and Shanghai Banking③
Corporation Ltd.  XXX Canal Street
    London④
                                      For _____⑥_____
                                              Signature
```

2. 支票的必要项目

支票的必要项目包括:①"支票"字样(The term "Cheque");②无条件支付一定金额的命令(An unconditional order to pay a determinate sum of money);③付款人(受票人)的姓名[The name of the person who is to pay (drawee)];④付款地点的记载(A statement of the place where payment is to be made);⑤开立支票的

日期和地点的记载(A statement of the date and of the place where the cheque is drawn);⑥开立支票的人(出票人)的签名[The signature of the person who draws the cheque (drawer)];⑦受款人或者其指定人的姓名。

二、国际结算中的单据

在出口业务中,各种不同的出口单据贯穿于企业的外销、进货、运输、收汇的全过程,其流转环节构成了货物贸易的主要程序。

另外,国际结算本身固有的凭单结算的特征决定了进出口贸易交易离不开大量的纸质和电子单据。

(一)国际结算中单据的作用

1. 履约证明

国际货物贸易中大多使用 FOB、CIF 和 CFR 等贸易术语。因此,对于出口商而言,只要能在规定的时间和地点将货物交付给承运人,并能提交符合合同或信用证规定的各种单据,就已经履行了交货义务。从这个角度而言,单据就变成了出口商履约的证明文件。

2. 收付款的依据

上述特定贸易术语的使用决定了出口商要想收回货款,必须以提交符合要求的单据为前提条件,尤其是在跟单信用证结算方式下,开证行或被指定银行承付的依据就是受益人提交的相符单据。进口商在相符交单下,也必须承担最终付款的义务。

3. 提货的凭证

货物贸易的单据之所以能作为履约和收付款的证明文件,很大程度上取决于其中有可以用来提货的运输单据,如提单、仓单和多式运输单据(最后一程为海运时)等。

4. 获得融资的前提条件

银行给进出口商提供的贸易项下融资大多是要提供质押或担保的,由于单据中有代表物权的单据,如提单等,因此,容易满足银行对出口商或进口商进行融资的必要条件,且一定程度上减少了银行提供融资的风险。

(二)国际结算中的主要单据

1. 发票

实际业务中发票(Invoice)主要有用以结汇的商业发票(Commercial Invoice)和形式发票(Proforma Invoice)。我国出口贸易中时常有不签订书面合同而只由出口商提交形式发票给进口商的做法,此时形式发票起到了证明合同关系的作用。

以商业发票为例。

1) 概念

商业发票(Commercial Invoice)是出口商向进口商开出的所发货物的价目清单，载有货物名称、数量、价格等内容，也是卖方凭以向买方计收货款、清算账目的单据。

2) 作用

(1) 是出口商的发货价目清单。

(2) 是收付款双方记账与核算的凭证。

(3) 是货物买卖双方办理报关、清关、纳税的依据。

(4) 是进口商验收、核对货物数量、重量、规格等项内容的依据。

(5) 代替汇票作为付款的依据。

(6) 是出口商缮制其他单据的依据。

3) 主要内容

商业发票的主要内容包括发票名称、号码、签发日期、出单人、抬头、唛头、货物描述、数量、单价和总值等。就单据功能而言，其中的货物描述、单价和总值是最为重要的内容。商业发票的实际票样见后面的进出口业务核算。

2. 包装单据

1) 概念

包装单据(Packing Documents)是出口商向进口商签发的反映货物包装、重量和尺码情况的单据，是对发票内容的必要补充，也是常见的用以向银行提交以获得付款的单据。

2) 作用

(1) 便于进口商了解货物的包装细节。

(2) 作为海关清关时点货的依据。

(3) 作为商检机构验货的依据。

3) 种类

常见的包装单据有以下几种：

(1) 装箱单(Packing List，P/L)。

(2) 重量单(磅码单)(Weight List/Memo)。

(3) 尺码单(体积单)(Measurement List)。

4) 主要内容

包装单据的主要内容与发票比较接近，主要反映货物的包装细节，因此，少了单价和总值的表示。就其功能而言，货物的毛重(Gross Weights)、净重(Net Weight)和尺码(Measurement)是其中最为重要的内容。毛净重均以 KGS(公斤)表示，尺码以 CBM(立方米)表示。

表1-4　　　　　包装单据实际样本

天津泰福进出口有限公司
TIANJIN TIFERT TRADE (GROUP) TEXTILE AND GARMENT CO., LTD.
YOUYIBULIDING, CHANGJIANG ROAD
NANKAI DIATRICT, TIANJIN, CHINA

TEL:0086-22-21236102
FAX:0086-22-21236101

PACKING LIST

CONTRACT NO.: 13TEF02-642-131　　　　　INVOICE NO.: 13TEF02-642-131

L/C NO.:　　　　　　　　　　　　　　　DATE: January 22, 2014

Shipped per s.s. BY SEA　　　　　　　　from NINGBO, CHINA

To FREMANTLE, AUSTRALIA for account and risk of Messre SRG LEISURE RETAIL

Marks and Nos.	Product Code	DESCRIPTION	Quantity PCS	Quantity CTNS	G.W.(kgs)	N.W.(kgs)	Meas.(M3)
N/M	H-BCF-EML-LMSK	BCF PO:4502994413 LEISURE MAT KING SINGLE	94	47	517	446.50	4.09
	H-BCF-EML-LMD	BCF PO:4502947398 LEISURE MAT DOUBLE	152	76	1292	1140	2.69
	H-BCF-EML-LMQ	LEISURE MAT QUEEN	102	51	1020	918	10.93
	H-BCF-EML-LMSK	LEISURE MAT KING SINGLE	62	31	341	294.50	8.52
TOTAL			410	205	3170	2799	26.23

3. 运输单据

1) 概念

海洋/海运提单,简称提单(Bill of Lading,B/L)是指一种证明海上运输合同和货物已经由承运人接管或者装船,以及承运人保证据以交付货物的单据。

2) 作用

(1) 是承运人或其代理人出具的货物收据。

(2) 是一种所载货物的物权凭证。

(3) 是承运人和托运人之间订立的运输合同的证明。

3) 种类

常用提单:已装船提单、清洁提单、指示提单。

4) 主要内容

提单的主要内容(正面)包括提单名称和号码、托运人、收货人、通知方、船名航次号、收货地、起运地(港)和目的地(港)、交货地(或最终目的地)包装件数、货物描述、唛头、货物毛净重、尺码、装船日期、运费、正本份数、签发日期和地点、签署等。

表 1-5　　　　　　　　　　　提单实际样本

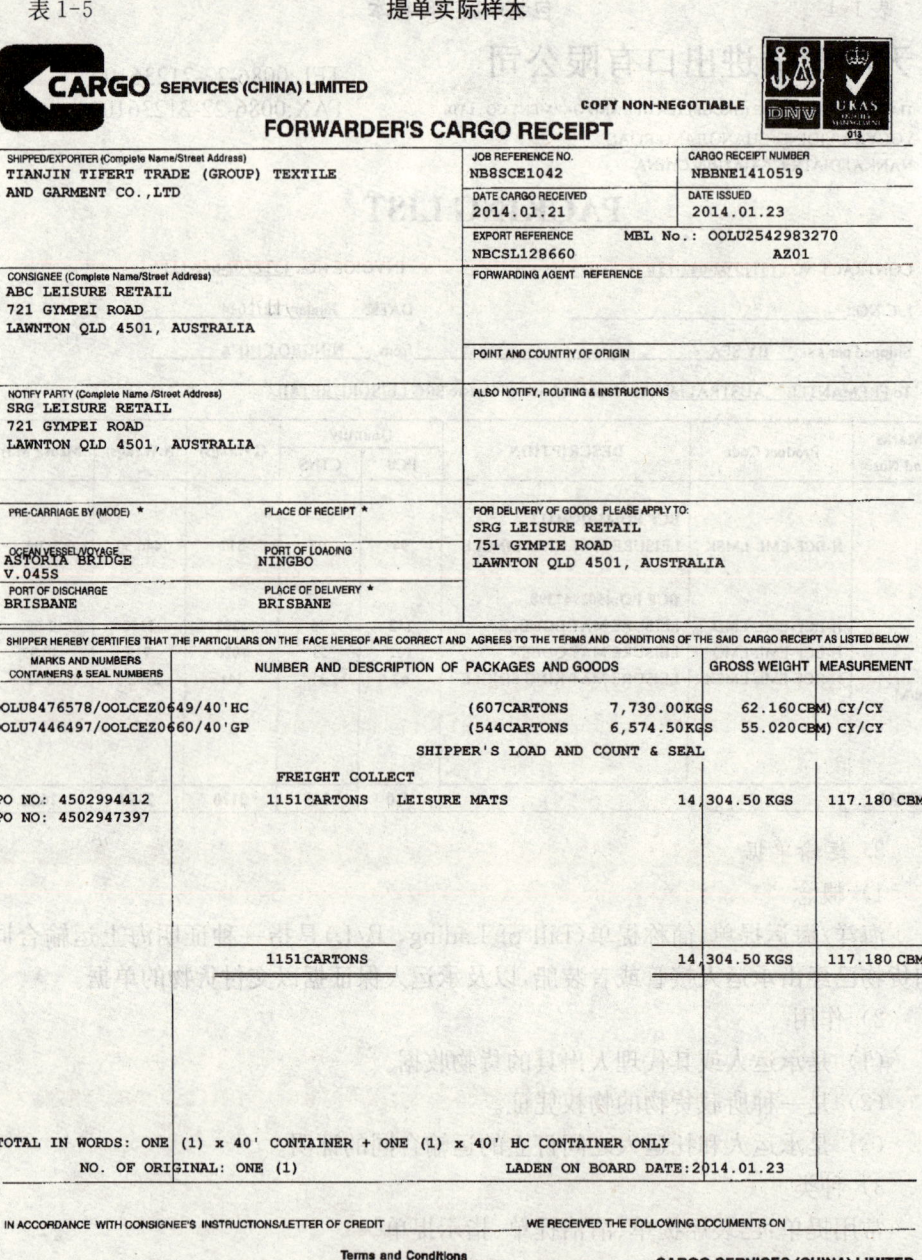

4. 保险单据

5. 其他单据

其他单据包括原产地证明书、商品检验证书、熏蒸证明、无木质包装声明等。

三、国际结算方式

（一）国际汇款

汇款（Remittance）又称汇兑或汇付。国际汇款是指汇款两地分属于两个国家或地区。它是最简单的国际结算方式。在货物贸易下采用汇款方式结算时，出口商将货物发运给进口商后，有关货运单据由出口商自行寄交进口商；进口商则直接通过银行将货款汇给出口商，而银行不处理相关的货运单据。

1. 汇款的当事人

汇款业务一般有汇款人、汇出行、汇入行和收款人四个当事人。

1) 汇款人

汇款人（Remitter or Payer）是委托银行向国外债权人付款的当事人。在国际结算中，汇款人通常是进口商、债务人和接受劳务者。其责任是填写汇款申请书委托银行（汇出行）办理汇款，并且向银行提供汇出的资金并承担有关费用。汇款人和汇出行之间是委托和被委托的关系。

汇款人须填写汇款申请书（汇款申请书实际样本见后面外汇业务核算），汇款申请书上的印鉴必须与汇款人事先预留汇出行的印鉴一致。汇款的资金不得透支。根据我国外汇管理局的要求，从汇款人现汇账户支付汇款时，必须提供符合汇款性质的相关凭证。例如，货物贸易项下的预付款应提交进口合同、形式发票等凭证；货到付款应提交进口合同、正本海关进口报关单、发票等凭证；服务贸易项下应提交借记通知（Debit Note）或发票或付款通知书、服务合同或者与相关服务配套的单据、税务凭证等凭证。

2) 汇出行

汇出行（Remitting Bank）是指接受汇款人委托办理款项汇出业务的银行。汇出行通常是汇款人的往来银行，可以是和汇款人在同一地点的银行，也可以是在不同地点的银行。其职责是按汇款人的要求将款项通过汇入行解付给收款人。汇出行与汇入行之间是委托与被委托的关系。

汇出行办理的汇款业务称为"汇出汇款"（Outward Remittance or Outgoing）业务。

汇出行审核汇款申请及汇款人提供的相关凭证符合外汇管理局规定后，在汇款申请书上加盖业务公章，将其中一联作为汇款受理回单交还给汇款人，一联作为国际收支信息报送给付款当地的外汇管理局。在账务处理方面，汇出行需要借记汇款人账户,贷记汇出行开设在海外代理行或者联行(称之为"账户行")的账户,并且将汇款金额、汇入行名称及汇入行的账户行名称与账号等通知自己的账户行,委托其将资金划转到汇入行的账户。如果汇出行和汇入行之间没有直接的账户关系(国际结算中多数情况如此,参见×××代理行),如汇出行的美元账户是美国银行纽约分行,汇入行的账户是花旗银行纽约银行,那么汇出行应指示美国银行纽约分行将头寸划给花旗银行纽约银行,由后者划入汇入行的账户,头寸的划拨可以通过美国的 CHIPS 或者 FEDWIRE 完成。这种头寸的划拨路径称之为"汇路",中间存在账户行越多,产生的费用也越多。国际结算中汇出行和汇入行在同一家账户行开户的情况一般也比较多,因为主要结算货币国家的银行都会邀请世界各地的银行在其银行开户,以方便日后结算,同时也增加自己的收入。

汇出行除了通知账户行之外,还需要将汇款金额、收款人与汇款人名称和地址、收款人在汇入行开设的账号、汇款人附言等信息通知汇入行,委托其在收到相关账户行划拨资金后,将资金再贷记收款人账户(这一行为称之为"解付")。汇出行发给汇入行的通知应包含以下内容:

(1) 汇入行业务编号。
(2) 收款人的名称、地址及银行账号。
(3) 支付的币种、金额及起息日。
(4) 汇款人的名称。
(5) 附言,一般用于注明汇款的背景,如货款、服务费、利息或合同号码等。

3) 汇入行

汇入行(Paying Bank)也称解付行,是指接受汇出行的委托,向收款人解付汇入款项的银行,汇入行通常是收款人所在地银行,其职责是证实汇出行委托付款指示的真实性,通知收款人取款并付款。

汇入行办理的解付业务称为"汇入汇款"(Inward Remittance or Incoming)业务。

汇入行收到汇出行汇款通知后,一方面需要核实资金是否已经划拨到其账户行的账户,另一方面需要核实收款人名称和账号是否正确。如果资金已经到位并且收款人名称账号正确,那么可以贷记收款人账户并且通知收款人款项已经解付;如果资金没有到位或者有任何不相符的信息,那么必须立即向汇出行或者账户行查询。汇入行将款项贷记收款人账户后,可以通过出具入账通知书或者结汇水单(如果汇入行将收到的外币兑换成人民币解付给收款人时使用)给收款人,或者通过电子银行通知收款人,收款人亦可通过电子银行随时查询自己的账户信息。根据我国外汇管理的要求,在汇入行贷记收款人账户之前,收款人必须向汇入行说明收汇的性质。如果是服务贸易项下的收款,汇入行可以直接贷记收款人的结算账户;如果是资本项目项下的收款,汇入行可以直接贷记汇款性质相对应的账户,如境外投资注入的资本金需要贷记资本金账户,向境外借来的贷款需要贷记外债账户等;如果是货物贸易项下的收款,需要贷记收款人的出口收汇待核查账户,并且登录外汇局出口联网核查系统登记相应的金额后才能贷记收款人的结算账户,如果系统金额不足,是不能贷记收款人结算账户的。

4) 收款人

收款人(Payee or Beneficiary)是指接受汇款人所汇款项的当事人。在国际结算中,汇款方式下的收款人通常为出口商、服务提供者、债权人等,一般与汇入行之间有账户关系。

2. 汇款的种类(以常用的电汇为例)

1) 电汇定义

电汇(Telegraphic Transfer,T/T)是指汇出行应汇款人申请,以加押电传、加押电报或SWIFT电文形式发送通知委托汇入行解付一定金额给收款人的汇款方式。它的特点是信息传递迅速,安全方便,但是汇款人须承担电报费用。目前广泛使用的是SWIFT方式,电传、电报也已经基本被淘汰。

2) 电汇业务流程图

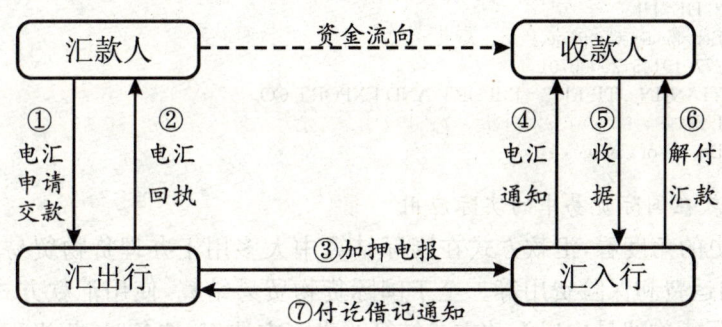

图 1-1　电汇业务流程图

3) 汇款的注意事项

(1) 汇款金额如为汇入地货币或第三国货币,汇出行一般按银行当天该货币的卖出汇率折算成本国货币加上电汇费后向汇款人收取。

(2) 多采用SWIFT MT103格式对外进行电汇。该报文类型是由汇出行或受汇出行委托的银行直接或通过代理行发给汇入行的报文,从发报行角度看,用于汇款人或收款人或两者都是非金融机构的款项汇划业务中。

表 1-6　　　　　　　TT 结汇方式的电报报文
SPDB SWIFT INCOMING MESSAGE

```
          TO：SPDBCNSH080
        FROM：SPDBCNSHOSA
MESG TYPE：MT103
 MESG ISNO：
 RECE DATE：20131028 091349
 SEND DATE：20131028
         NO：IM9966130123078
 DETAIL NO：0
```

```
         ：Sender's Reference
           PAOSA 113426683
：23B：Bank Operation Code
           CRED
：32A：Value Date/Currency/Interbank Settled Amount
           131028USD70801

           /OSA11443631479104
           1/GREATAI INTERNATIONAL LIMITED
           2/ROOM JBJ123 TREND CENTRE29
           2/31 CHEUNG LEE STREET CHAI WAN HK
           3/HK/HK
           Beneficiary Customer
           /77010145120000701
           TIANJIN  TIFERT  IMPORT AND EXPORT CO.
           LTD
   71A：Details of Charges
```

3. 汇款在国际贸易中的实际应用

从历史的角度看，汇款方式在国际结算中大多用于办理货物贸易从属费用的结算，如运费和保险费用等。至于国际货物贸易结算，使用汇款方式的不多。因为在国际货物贸易中以汇款方式结算买卖双方债权、债务时，相当于买卖双方的某一方基于对另一方的信任，提供信用和融资的一方将承担另一方违约的风险。

但从近年来结算的实践看，由于世界经济一体化趋势增强，以及经济秩序的好转，大型公司跨国设计机构，为节省财务成本，加快国际间货款的结算，采用汇款方式的比重日益增大。特别是长期往来的买卖双方，彼此相互了解、相互信任，由于托收和信用证结算手续比较复杂，银行费用较高，结算周期较长，因此，基本上都采用汇款的方式进行货物贸易结算。同时汇款业务本身不局限于货物贸易的结算，也适用于服务贸易项下及资本项目的国际结算,如资料费、技术转让费、佣金、手续费、直接投资和境外借款等。因此,目前在国际结算领域中,汇款业务的比重已经远远超过了托收和信用证。

国际货物贸易中,汇款方式最常见的是用于预付货款(Payment in Advance)和货到付款(Payment after Arrival of Goods),即赊账交易(Open Account,O/A)两种方式。定金的支付可以归类为预付货款,货款尾款的支付可以归类为货到付款。

1) 预付货款

预付货款是指进口商将货款的全部或者一部分通过银行汇给出口商,出口商收到货款后,根据双方事先的约定,立即或在一定时间内将货物运交进口商。这是一种对出口商有利、对进口商不利的结算方式。对出口商来说是预收货款,对进口商来说则是预付货款。其使用范围包括:

(1) 通常对热门货采用这种交易方式。出口商的商品是进口国市场上的抢手货,货物畅销且货源有限的情况下,进口商需求迫切,为取得高额利润,因此不惜预付货款。

(2) 进出口双方关系密切,相互了解对方资信状况。进口商相信出口商能按自己的要求发货,相信自己付款后出口商所在国家不会禁止该批货物出口,并且本国的外汇管制允许预付,进口商愿以预付货款购入货物。

(3) 预付货款也用在进口商向出口商支付定金方面。出口商在出口大宗商品或成套设备时,根据惯例,往往要求进口商预付一定比例的货款作为定金,出口商在收到定金后才按时出口或制造、购买出口商品或设备。

(4) 出口商减少风险。出口商与进口商初次成交,出口商对进口商资信不甚了解,担心进口商收货后不按合约履行付款义务,为了收汇安全,出口商提出预付货款作为发货的前提条件。

2) 货到付款

货到付款是指出口商先发货、进口商后付款的结算方式,此方式实际属于赊账交易,或延期付款(Deferred Payment)结算。其使用范围包括:

(1) 售定。售定(Goods Sold)是指买卖双方成交条件已经谈妥并已签订了成交合同,同时确定了货价和付款时间,一般是货到付款或货到后若干天付款,由进口商用汇款方式通过银行汇交出口商,这种特定的延期付款方式习惯上称为"先出后结",又因价格事先已经确定,故亦称"售定"。对某些鲜活商品,因运输途短,进口商不能在货到前及时收到单据,影响到货物的交接,而这些货物的时间性较强,不能积压,且途中损耗大,货物的数量和品质难以确定,因此采用货到付款的方式。

(2) 寄售。寄售(Consignment)是出口商(委托人)按委托寄售协议,先将货物运至进口国,委托进口国代销商(代售人)在当地市场代为销售,待售出后才将货款按规定扣除佣金后全部汇交出口商。

目前,寄售方式多适用于推销新品种、销售滞销货物或展销商品。如属于新产品初次打入进口地,为了开拓市场,采用这种方式较为适宜,有时,少量的剩余货物或滞销产品也以寄售方式进行销售。

4. 汇款的主要风险及防范

1) 汇款的主要风险

(1) 出口商面临的风险。在货到付款项下,一旦发出了货就失去了制约进口商的手段,出口商能否收款完全取决于进口商的资信,如其资信不好,出口商就可能钱货两空;同时货到付款,进口商不承担资金风险,货未到或到货不符合合同要求可不付款,在整个交易中进口商占据主动地位;由于进口商常在收到货物一段时间后再付款,无形中占用了出口商的资金。

(2) 进口商面临的风险。采用预付款时,进口商将来如不能收到或不能如期收到货物,或货物与合同不符时,将承担风险或遭受损失;由于货物未到手前付出货款,也造成了资金周转困难及利息损失。

2) 风险防范措施

(1) 出口商的风险防范措施:

第一,了解进口商信用,争取提供预付货款的比例,降低货到付款的比例。

第二,如汇款方式用于预付货款,应在买卖合约中约定采取何种汇款方式以明确汇款到达的期限,并与交货期相互衔接。这种方式对出口商最为有利。

第三,如汇款方式用于寄售,必须注意对代销商的资信、经营能力、作风等进行调查,同时为保证及时收汇,应在寄售协议中规定汇付货款的方式和时间。寄售的有关单据可通过银行转给进口商,也可自寄。但无论如何,出口商发货后都要将寄售发票副本或出口明细单在列明参考价及估计的收汇期限后交给银行,以便银行掌握情况,设立专户,款汇后逐笔核销。

第四,进口商有时还会向出口商提出对进口商品折价支付,作为抵付预付货款造成的资金利益损失,但交易中应注意,由于汇款可撤销,在汇款尚未被支取之前,汇款人可随时通知汇款行将汇票退回,因此,出口商在收到汇款通知后,应尽快发货,尽早交单收汇。

2) 进口商的风险防范措施:

第一,了解出口商信用,减少预付货款的比例,争取货到付款的比例。

第二,采用预付货款时,可要求出口商凭保函或书面担保提取预付款,保证收款后一定时间内发货交单,否则退还预付款,并加付利息。

(二) 托收

托收(Collection)是传统的国际结算方式之一,由进出口商利用银行间的资金划拨渠道,来达到清偿进出口商之间债权债务关系的目的。但银行在托收业务中并不承担保证付款的责任,只负责提供完善的服务。货款的保证完全取决于客户之间的商业信用,因此,托收本质是建立在商业信用基础上的一种结算方式。

1. 托收中的单据

托收单据一般指金融单据(Financial Doucuments)和商业单据(Commercial Documents)。金融单据意指汇票、本票、支票或其他用于获得付款的类似票据。商业单据意指金融单据以外的其他单据,如发票、运输单据、保险单据、品质或数量证明、原产地证书等。实际业务中,光票托收使用的金融票据以本票和支票居多,而跟单托收中,如D/P、D/A使用的主要是出口商签发的商业单据。

托收业务中单据的处理是银行的主要业务,也是付款人凭以付款的重要先决条件。如付款人认为单据不符要求,有拒绝接受单据和票据的权利。

2. 委托的当事人

1) 委托人

委托人(Principal)是委托托收行代为收款的出口商,即合同的卖方(Seller),也是托收汇票的出票人(Drawer),还可以是托收汇票的收款人(Payee)。具体业务中,委托人须向托收行递交托收委托书(也可称为托收申请书),该委托书须列明托收的方式、托收金额、付款期限、单据的种类和份数、适用的惯例、付款人名称等条件,以便银行按其指示处理托收业务。

出口托收委托书具体包括以下内容:

① 代收行。出口商在该栏内填写国外代收银行(一般为进口商的开户银行)的名称和地址,这样有利于国外银行直接向付款方递交单据,以便及时收款。

② 委托人。委托人为出口商,应填写详细的名称和地址、电话、传真号码。

③ 付款人。付款人为进口商,应填写详细的名称和地址、电话、传真号码。

④ 托收金额。托收金额应与发票和合同金额保持一致。

⑤ 付款期限。委托书上的汇票付款时间要与发票和合同中付款期限保持一致。

⑥ 发票号码。委托书上的发票号码按实际开立的填写。

⑦ 单据。提交给银行的正本和副本的单据名称和数量。

⑧ 委托事项。委托事项中的具体条款参见表1-7,如果需要,就注明一个标记(×)。托收条款中应清楚表明是付款交单还是承兑交单。

表1-7　　　　　　　　　　托收委托书样本

出口托收委托书

致：中国建设银行股份有限公司_____行：
兹随附下列出口托收单据一套，请按国际商会《托收统一规则》（第522号出版物）办理托收业务

代收行（若空白，由贵行选择）：	委托人：
付款人：	托收金额：USD1,000,000.00

发票号码：						核销单编号：				
单据	汇票	发票	海运提单	空运提单	保险单	装箱单	产地证	G.S.P FORM A	检验/分析证	受益人证明	装船通知
份数											

委托事项：请依照下列标有"X"的内容
☒请贵行要求代收行：　☐付款交单（D/P）　☐承兑交单（D/A）　DAYS　☐
☐上述托收款项收妥后：
　　☐请结汇划至开户行：_____　账号：_____
　　☐请原币划至开户行：_____　账号：_____
☐请贵行对上述单据办理出口托收贷款，出口托收贷款金额_____，比例为托收金额的____%。
　　☐愿与银行签订单笔使用的出口托收项下《出口托收贷款合同》。
　　☐请支用我公司与贵行签订的编号为_____字第____号《贸易融资额度合同》项下的出口托收贷款额度。
　　请贵行将出口托收贷款款项：
　　☐结汇划至开户行：_____　账号：_____
　　☐原币划至开户行：_____　账号：_____
☐贵行费用由我公司承担。
☐贵行费用由付款人承担．☐可放弃　☐不可放弃
☐请贵行通知我公司汇票到期日。
☐若付款人拒绝付款/承兑，请立即通知我公司并说明原因。
☐寄单方式：☐DHL　☐EMS　☐快邮　☐航邮
☐其他：

　　　　　　　　　　　　　　　　　　　　　　　公司公章
公司联系人：　　　　　　联系电话：　　　　　　年　月　日

银行签收人：	签收日期：
银行复审记录：	

在托收业务中,如果付款人拒付或拒绝承兑,代收行应将拒付情况通过托收行转告委托人,如委托人请代收行保管货物,代收行可以照办,但风险和费用都由委托人承担。

2) 托收行

托收行(Remitting Bank)是指受委托人委托代为处理托收业务的出口地银行。托收行所办理的托收业务在我国又称"出口托收"(Outward Collection)。实际业务中,托收行还往往充当寄单行(Forwarding Bank)的角色,即为托收人寄送单据。

3) 代收行

代收行(Collecting Bank)是依托收行的托收指示处理托收业务的进口地银行。代收行所办理的托收业务在我国又称为"进口代收"(Inward Collection)。

4) 付款人

付款人(Payer)是代收行根据托收指示提示付款的对象,一般为合同中的买方(Buyer),也是托收汇票(如需要的话)的受票人(Drawee)。

付款人付款前有审核汇票/或单据以决定是否接受单据的权利,同时还有按交单方式办理付款或承兑的义务。不管单据之间或单据与合同之间是否相符,在具备正当理由的情形下,付款人都有拒绝接受单据的权利,并提出拒付。反之,一旦付款人接受了单据和票据并付款赎单或在承兑交单下到期付款后,付款人的责任也就宣告结束。

若款项已收妥,但付款人和委托人之间因货物品质或其他原因仍有纠纷或问题,应由两者自行解决,与托收行、代收行无关。

3. 跟单托收

跟单托收(Documentary Collection)是指附带商业单据的金融单据的托收和不附带金融单据的商业单据的托收。

附带商业单据的金融单据的托收是指委托人既签发商业汇票又同时随附有商业单据的托收。在此情形下,托收是以汇票作为付款凭证的,而其他商业单据是汇票的附件,起到"支持"汇票的作用。托收项下的汇票由委托人签发,通常应记名背书给托收行,再由托收行记名背书转让给代收行,凭以向付款人提示汇票以获得付款或承兑。

不附带金融单据的商业单据的托收是指仅有商业单据而无金融单据的托收。此类跟单托收主要是避免某些国家对汇票须按税法规定征收票面金额一定比例的印花税而产生的。由于没有了汇票,也就失去了持票人可以通过票据法保护自己的功能。在托收顺利的情况下,不会有风险;但一旦付款人拒付,也就没有办法作成拒绝证书(Protest)行使票据业务中的追索权,对今后委托人起诉付款人非常不利。

因此，跟单托收是否需要汇票更取决于付款人的信用和委托人与付款人之间的约定。国际结算中使用的托收大多为跟单托收。

4. 托收项下的费用

托收项下的费用包括银行手续费及其他可能发生的杂费，由委托人或受票人负担，一般在托收委托书中定名。如果按规定由委托人负担手续费，可以采用两种支付方式：一是委托人向托收行、托收行向代收行预支手续费；二是银行收妥货款后，先从中扣手续费，然后再将净款付给前手委托方。

5. 托收的特点

托收是典型的基于商业信用的结算方式。与托收有关的银行的责任仅限于为客户提供服务。银行办理托收业务时，对单据的形式、完整性、准确性、真实性或法律效力等不负责任；对电函、信件或单据在传递过程中的延误、丢失以及专门属于在翻译或解释上的错误不负责，也没有保证付款人必然付款或承兑的责任。

6. 托收对进出口商的优势

1) 出口商面临的优势

（1）风险较低。托收业务中，进口商只有在承兑或付款后才能提取货物，与赊销方式相比，出口商承担的风险相对较少，且收款速度快于赊销。

（2）操作简单。与信用证复杂的操作程序相比，托收业务操作简单，方便可行。

（3）费用低廉。跟单托收的银行费用一般在1‰左右，光票托收更低，相比信用证项下的通知费、议付费、不符点费等，银行收费较低，有利于出口商节约费用，控制成本。

2) 进口商面临的优势

（1）资金占压少。在出口商的备货和装运阶段，进口商不必预付货款、占压资金；支付货款或作出承兑后可立即取得单据并处置货物。因此，同预付款相比，资金占压少。

（2）简便易行。与复杂的信用证方式相比，手续简单，易于操作。

（3）费用低廉。银行费用较低，有利于进口商节约费用、控制成本、改善现金流，尤其是在承兑交单项下，进口商承兑后即可取得单据并处置货物，在售出货物并有现金流入后才对外支付，资金占压近乎为零，财务状况和偿债能力能得到有效改善。

7. 托收的风险及防范措施

（1）托收方式下委托人的风险大于付款人。托收的方式主要是建立在商业信用上的。出口商仅凭进口商的信用发货，发完货后才收款，需要承担进口商破产倒闭无力支付货款或因货物价格下跌进口商借故拒付的风险,或进口商以货物的规格、质量、包装、数量等不一致而要求降价甚至拒付等风险。

(2) 商业信用上的风险。与托收有关的银行仅充当中间人,并不保证付款或承担任何信用风险或进口国的政治风险,而且银行通常没有保护货物的义务。

(3) 承兑交单的风险大于付款交单。在付款交单条件下,进口商一旦拒付,出口商仍可通过控制提单拥有货物的所有权。

在承兑交单条件下,进口商承兑了远期汇票后就能得到货运单据,从而凭以提取货物。若进口人到期不付款,虽然出口商有权依法向承兑人追偿,但实践证明,此时的进口商多半已无力偿付,或者早已宣告破产,甚至人去楼空。有的进口商要求按承兑交单方式进行交易,其本身可能就是一种预谋的诈骗。在此情况下,出口商就可能会遭受财货两空的重大损失。

因此,出口商需根据客户信用状况、货物在国际市场走俏程度等因素综合考虑,选择合适的交单方式。

(1) 出口商的风险防范措施

① 事先做好对客户的资信调查。由于托收相对不利于出口商,因此,对进口商进行必要的资信调查是决定货款是否安全的最重要因素。只有选择了信誉较好的客户,才有可能避免风险。对于资信欠佳和诚信度无充分把握的客户,如必须采用托收方式结算出口货款的,可要求对方预付不低于货物往返运费、保险费和其他杂费的订金或预付款,也可采用部分付款交单托收、部分信用证,或由进口商同时开立银行保函或备用信用证担保,以确保托收货款的收汇安全。

② 严格按合同规定出口货物并认真制单。严格制单和按合同发货可以防止进口商借故挑剔单据从而拖延付款时间或拒付。虽然托收业务中无论单据之间或单据与合同之间是否相符,进口方都可以提出拒付,但拒付的理由应能得到支持。为此,出口商更应对单据从严把关,以免留下把柄。需要注意的是,实务中也存在不少仅凭副本单据托收的做法,一般需得到进口商的同意才可凭副本单据托收。

(2) 进口商风险防范措施

① 严格审核单据。托收业务中,进口商在付款前有权查验单据以决定是否接受单据,而单据又代表了成交的货物,尤其是物权凭证提单更为重要。进口商在审核单据时,除了审核汇票、发票、装箱单等常用单据外,更要重点审核提单的签发是否合乎要求,能否使自己掌握货物的所有权。

② 选择合适的交单方式。对进口商而言,承兑交单是最有利的一种交单方式。如进口商流动资金不足,需要出口商给予远期付款的融资便利,且与出口商有良好的合作关系,可采用 D/A 方式;反之,如进口商流动资金充足,也可考虑采用 D/P 方式。

表1-8 托收结算方式进出口双方会计处理

我方作为进口方会计处理	日 期	我方作为出口方会计处理
	2013.1.31	① 仓库发出货物： 借：待运和发出商品 　　贷：库存商品
	2013.2.3	② 国内运费： 借：销售费用 　　贷：银行存款 确认收入、结转成本： 借：应收（外汇）账款 　　贷：主营业务收入——出口 借：主营业务成本——出口 　　贷：待运和发出商品
④ 代收行提示汇票及单证作承兑时： 借：在途物资 　　贷：应付（外汇）票据/账款 同时支付报关进口有关税金： 借：应交税费——应交增值税 　　　　　　　　（进项税额） 　　应交税费——应交进口关税 　　贷：银行存款	2013.2.11	③ 承兑： 在D/A方式下，汇票经承兑后，从会计上说，票据债权的流通性强于应收账款。因此，在银行通知汇票已由进口方承兑时，应作会计分录如下： 借：应收（外汇）票据 　　贷：应收（外汇）账款 承兑交单项下的远期汇票，在到期前也可跟银行商定作出口押汇（分录可按L/C押汇处理）
⑥ D/P付款赎单日： 借：应付（外汇）账款 　　贷：银行存款 （并加作会计分录④）	2013.2.12	⑤ 在D/P方式下，要等到托收行或代收行从进口方收到货款，划转出口方才可进存款户。此时根据结汇单据作会计分录如下： 借：银行存款（或外汇存款） 　　财务费用（银行手续费） 　　贷：应收（外汇）账款
⑧ 远期汇票到期日： 借：应付（外汇）票据 　　贷：银行存款	2013.5.5	⑦ 在D/A方式下如不做出口押汇则收款更晚，要等待远期汇票到期（如3个月、6个月），由国外代收行汇划回国内结汇后，凭结汇单据作会计分录如下： 借：银行存款（或外汇存款） 　　财务费用 　　贷：应收（外汇）票据 此时收汇金额可能因汇率变动与原入账的应收账款发生差异，产生汇兑损益

四、信用证(Letter of credit)

国际货物贸易中,买卖双方相距遥远,背景各异。货物从准备到具体交接以及货款的支付周期都很长,因此,商业信用就成了一道无形的壁垒。作为出口商,担心货物出运后,进口商不及时支付或拒付;作为进口商,担心付款后出口商无法按时交货或所交付的货物与合同不符。这种担忧虽然可以通过部分预付款、部分单后或货到后支付来协商解决,但毕竟预付款的比例以及余额能否全部安全及时收回仍存在诸多问题。

在此背景下,信用证以一种"万能者"的身份(银行为付款人)介入其中,为买方和卖方提供了信用保障。有效解决了卖方担心不能及时收回货款或无法收回货款、买方不愿预付货款的矛盾。信用证一经在国际货物贸易中使用,便受到了极大欢迎并随之有了长足的发展。近些年来,由于信用证手续复杂、费用较高以及不符点难以避免等诸多问题,导致其在全球的使用比例日益下降。以我国为例,出口信用证使用的平均比例仅为三成左右。但是进口信用证使用的比例却远高于出口信用证。对于大额交易而言,尤其自 2008 年国际金融危机以来,信用证仍不失为一种较安全的结算方式,而且我国使用信用证每年涉及的结算金额是所有结算方式中最高的。

1. 信用证的主要内容

信用证内容因信用证种类的不同而有所区别。尽管如此,信用证所包括的基本内容是类似的,主要包括以下几点:

(1) 对信用证本身的说明,包括信用证的种类、信用证号码、信用证金额、开证日期、到期日和到期地点、信用证适用的规则、当事人名称及地址等。

(2) 对汇票的说明,如信用证需要提交汇票,则会出现包括汇票的受票人、汇票期限的规定。

(3) 对装运货物的说明,包括货物品名、品质规格、数量、单价、总价等,这些内容应与买卖合同或形式发票的规定相一致。

(4) 对运输事项的说明,包括货物运输的起讫地点、装运期限、可否分装运和转运等。

(5) 对单据的要求,包括所需提交的单据种类、每种单据的份数以及各单据的具体要求等。

(6) 其他事项,包括附加条款、费用条款、交单期限、是否需要保兑、开证行对被指定银行的指示、通知行名称和开证行的承付承诺等。

注:信用证实例见后面自营出口业务。

2. 审核信用证条款

在确定信用证条款与买卖合同一致的前提下,受益人还应仔细审核信用证本身的条款。具体注意事项如下：

（1）信用证的到期日、到期地点（一般只接受在受益人所在国到期）和交单期限。

（2）信用证的类型，是否需要汇票。

（3）信用证对单据的要求有哪些，是否需要认证等。

（4）信用证有无软条款或限制生效条款，尤其应注意是否有需要由买方或其指定代表签字的单据。

（5）何方支付银行费用，一般只接受买卖双方各自承担所在地银行费用的条款。

（6）最迟装运日期和交单期限是否充足。

（7）信用证条款本身有无矛盾或者不合常理之处，如 FOB 条件下却要求受益人提供保单，等等。

3. 信用证结算特点

使用信用证的目的是通过一个或几个银行的金融机制，加快国际结算，对买卖双方提供结算安全与保障。同时，银行信用比商业信用可靠，故信用证与汇付及托收方式相比，具有不同的特点：

（1）信用证是一种银行信用。信用证结算方式建立在银行信用基础上。由开证行以自己的信用为申请人作担保，承担付款的责任。即使开证申请人未能履行其义务，只要受益人所提交的单据与信用证条款一致，开证行就必须独立承担对受益人的承付责任。此外，信用证还可安排其他被指定银行承付或议付。由此可见，只要受益人按照信用证的规定行事，就能保证从银行取得货款。

（2）信用证是一种独立于合同的自足文件。信用证依据合同开立，源于合同但不依附于合同，它独立于合同单独存在，不受合同的约束。在信用证的实际业务中，信用证的各方当事人均以信用证作为唯一依据，而不以合同为依据。

（3）信用证是开证行有条件的付款承诺。只要单单一致、单证相符，开证行就必须付款。

（4）信用证实际上是单据的买卖，只以表面单据为准而不以货物为准。

4. 信用证的作用

尽管信用证在全球乃至在我国使用的比重呈现下降趋势，但从其涉及的成交金额来看，仍是国际贸易中重要的支付工具，我国仍是信用证使用的大国。2008年以来的国际金融危机又给信用证的使用带来新的契机。信用证为买卖双方提供了安全性，同时也为银行带来了较丰厚的利润。具体而言，信用证在国际贸易中的作用主要有以下几点。

1) 对出口商的作用

可以获得银行独立于进口商以外的相对较为安全的支付承诺,只要按照信用证规定的条件提交单据,便可获得货款,风险较低。同时,还可使出口商获得资金融通,有利于加速资金周转,扩大出口。

2) 对进口商的作用

可以在支付前确定信用证具体条款,掌握主动权,以便要求出口商必须提交的单据和对单据提出具体要求,从而一定程度上得以保证所得货物符合信用证和合同的要求;可以获得银行的贸易融资;同时,单据不符时银行和进口商都有拒付的权利。

3) 对银行的作用

与其他结算方式相比,信用证涉及的费用名目繁多,如通知费、修改费、审单费、不符点扣费、押汇费用、开证费用等,收费标准也较其他结算方式高。通过开证和议付等业务可以收取一定的费用,开证行还可以利用申请人交来的开证押金加以资金周转,获得一定的经济效益。在国际贸易中,信誉好、作风正派的银行以其高质量的服务,促进了信用证业务的发展。

5. 信用证的优点

(1) 信用证结算是以银行信用为保障,促进了国际贸易中债权、债务的清偿。

(2) 信用证结算促使进出口双方按合同履约,减少了贸易纠纷和摩擦,在保证出口方对出口货权和风险的控制、按时收款的同时,保证进口方安全收货和资金安全。

(3) 信用证对进出口双方均可以通过银行办理押汇起到融资作用。进口方无需预付货款,在出口方发货并交单后,进口方可在信用证规定的时间到期支付全部款项。出口方可在装船发运前凭信用证向出口地银行办理打包贷款或装船后押汇,提前取得货款。

6. 信用证的风险及结算注意事项

1) 信用证的风险

由于信用证结算方式是一种纯粹的"单据买卖"行为,只要受益人的交单相符,开证行就必须付款,进口商必须对开证行"付款赎单"。然而,这种纯粹的单据买卖也不可避免地产生种种风险,使得信用证业务带有一定程度的局限性。

(1) 单货不符的风险。信用证下,进口商有可能得到与信用证规定完全相符的单据,但并不一定能得到与单据条款完全相符的货物。

(2) 单证不符导致拒付。信用证业务中,有可能存在欺诈,如提供无货单据、假冒单据等;出口商在履行信用证条款时,要想构成"相符交单",必须具有全面的单证知识和对相关惯例的把握,显然这也不是每个受益人都能具备的。因此,因单据不符导致开证行拒付或被迫降价的案例也时有发生。

(3) 信用证的手续过繁、费用过高都限制了其广泛使用,尤其是对我国的中小企业而言,信用证往往大大增加了其成本负担,因此转而使用电汇等其他结算方式。

2) 信用证结算的注意事项

(1) 企业以信用证结算方式出口时,在收到国外转来已经核实的信用证时,应按照出口贸易合同认真履行审证手续,发现问题应及时通知对方修改信用证。切忌在未经审证及外方未修信用证之前盲目出运,以免处于被动局面。

(2) 发运后,出口单证必须严格按照信用证的有关条款在规定的期限内办理。只是因为信用证处理的是单据买卖,而制单过程是信用证项下款项能否足额、按时交付的关键环节。一个数字的误写,足以影响整票货款的安全结汇。

(3) 企业以信用证结算方式进口,必须参照进口贸易合同如实申请开立。在申请开证时,应对信用证的每个具体条款以及对货运、单据的要求严格、准确、完整地描述,避免信用证本身漏洞与描述不一样。

(4) 开证行转来进口单据后,应认真履行审单程序,判断单据是否"单单一致、单证相符",并在规定的期限内承兑、付款或拒付。

表1-9　　　　　　　信用证结算方式进出口双方会计处理

我方作为进口方会计处理	日　期	我方作为出口方会计处理
① 存入保证金申请开证: 借:其他货币资金——信用证保证金 　　贷:银行存款——外币户(或人民币户) 借:财务费用——手续费 　　贷:银行存款	2013.2.1	
	2013.2.8	② 仓库发出货物: 借:待运和发出商品 　　贷:库存商品
	2013.2.9	③ 国内运费: 借:销售费用 　　贷:银行存款 确认收入、结转成本: 借:应收(外汇)账款 　　贷:主营业务收入——出口 借:主营业务成本——出口 　　贷:待运和发出商品 ④ 借:银行存款 　　　财务费用——手续费 　　贷:短期借款——议讨信用证(出口押汇) 　　(或)贷:应收外汇账款 　　(指即、远期付款信用证)

(续表)

我方作为进口方会计处理	日　期	我方作为出口方会计处理
⑥ 进口货物到货，付款： 借：在途物资（或库存商品） 　贷：其他货币资金——信用证保证金 　　　银行存款 　　　（为即期付款信用证） 　（或）贷：应付票据——银行承兑汇票 　　　（远期信用证） 　　　应付外汇账款 　　　（延期付款信用证） 　　　短期借款（进口押汇） 同时，支付报关进口有关税金： 借：应交税费——应交增值税 　　　　　　　（进项税额） 　　应交税费——应交进口关税 　贷：银行存款	2013.2.20	⑤ 借：应收出口退税 　贷：应交税费——应交增值税 　　　（出口退税）
	2013.2.24	⑦ 借：短期借款 　贷：应收（外汇）账款（议付信用证）

模拟企业背景资料

(1) 天津泰福进出口公司是一家中小型的外贸进出口企业,主要经营五金、机械和日用品的进出口业务。

公司地址:天津市河西区珠江道118号。

企业主要的出、进口国家是美国、欧洲、韩国等国。国内的供货单位主要来自河北、天津、江苏、浙江、广东等省、市。

(2) 企业在上海浦发银行天津分行开立账户:人民币账户号:77024655310000701,待核查美元账户号:77011488410000290,美元账户号:77013468810000204

公司组织机构代码:74030610-4。

(3) 企业法人代表兼总经理:刘志远。企业有业务兼外销员2人,负责与国外客户接洽、进出口合同履行、缮制出口单据、联系货运代理公司等工作。有业务人员2人,负责国内货源的组织、质量检验、国内客户接洽及新产品开发等各项工作。

(4) 财务人员2人,主管会计张华,负责财务成果核算、编制财务报表、收入、成本核算及有关总账明细账登记、公司的日常报税工作、出口退税等工作;出纳员高萍,负责现金、银行存款的有关业务。

浦发银行 swiftcode:SPDBCNTJ770

外币业务核算岗

一、训练目标

(1) 能够填写与结汇、购汇会计业务有关的原始单据。
(2) 能够区分不同国际结算方式下银行外汇结算业务的原始单据。
(3) 能够审核外汇业务的原始单据并进行会计核算。
(4) 能够采用集中结转法对外币账户进行期末调整并计算汇兑损益。

二、外汇收入与支出业务流程

(一) 外汇收入及结汇

(1) 企业收到银行转来的外汇会计凭证或贷记通知,银行将外汇转入企业外汇待核查账户号。
(2) 企业填写外币支付凭证和涉外收入申报单,将外汇收入从待核查账户转入企业外汇现汇账户。
(3) 企业应在收汇后5天内填写"涉外收入申报单"或通过外管局应用服务平台进行网上申报。
(4) 如果结汇到人民币账户要填写一式三联的结汇申请书。按电汇、托收、信用证方式不同,银行结算单据有所不同。

(二) 外汇支出及购汇

(1) 按照购汇的程序填写一式三联的购汇申请书,申请购汇。
(2) TT方式下填写境外、境内汇款申请书,将外汇款项通过银行直接汇出。

三、能力训练项目

训练项目一 外汇收支业务会计核算训练

◆ 背景资料

天津泰福进出口公司2013年11月份发生了以下外汇收入和外汇支出业务,该企业外汇业务采用业务发生当日汇率折算。本组案例主要练习T/T及托收结算方式下的外汇业务核算。

◆ **业务顺序**

(1) 2013 年 11 月 4 日,收到香港大亚公司偿还货款 USD70 801,存入美元户,结算方式 T/T。

当日汇率:USD1=￥6.142 5

原始单据:附件 1 浦发银行外汇会计凭证

附件 2 外币支付凭证

附件 3 涉外收入申报单

(2) T/T 方式下预付货款(PAYMENT IN ADVANCE)。2013 年 11 月 7 日,填写境外汇款申请书从美元现汇账户支付 8 000 美元,预付进口商品货款。当日汇率:USD1=￥6.133 6。

原始单据:附件 4 境外汇款申请书(美元账号,学生填写)

(3) 2013 年 11 月 14 日,收到韩国客户以 T/T 方式预付货款 USD3 478,存入美元账户。

当日汇率:USD1=￥6.080 1

原始单据:附件 5 浦发银行外汇会计凭证

附件 6 外币支付凭证(学生填写)

附件 7 涉外收入申报单

(4) 2013 年 11 月 12 日,收到台湾客户 T/T 方式偿还货款 USD4 163.11,并于 11 月 15 日结汇转入人民币户(账户号:77024655310000701)。

当日汇率:USD1=￥6.133 6

原始单据:附件 8 浦发银行外汇会计凭证

附件 9 结汇申请书(学生填写)

附件 10 涉外收入申报单

(5) 2013 年 11 月 18 日,填写购汇申请书,向银行购汇 USD20 000,以 T/T 方式偿付前欠进口商品货款。

当日汇率:USD1=￥6.130 1

原始单据:附件 11 购汇申请书(学生填写)

附件 12 境外汇款申请书(人民币账号)

(6) 采用托收结算方式出口,出口结汇存入美元户(如果是 LC 结算方式单据相同)。2013 年 11 月 21 日收到日本客户偿还前欠货款存入美元户(204)。

当日汇率:USD1=￥6.120 8

原始单据:附件 13 贷记通知(美元待核查账号)

附件 14 外币支付凭证

附件 15 涉外收入申报单(学生填)

注意:如果结汇到人民币户,原始单据应为"贷记通知(人民币账号)、结汇申请书"。

(7) A:2013年11月25日,泰福公司向银行购汇 USD2 000,作为开证保证金开立信用证(保证金比例为全部货值的20%)。

银行当天卖出价1美元=6.124 7元。

注:用人民币开证还是用美元开证,取决于对汇率的预期,如果未来汇率上升购美元开证,如果相反用人民币开证,可以跟银行洽谈。

原始单据:附件16 特种转账借方传票
　　　　　附件17 借记通知(支付开证手续费)

国外出口商发运货物后,办理交单议付手续,开证行提示企业,要求承兑或者付款赎单。

B:如果企业即期付款。

附件18 借记通知

C:如果企业远期付款,如30天/60天/90天,企业承兑。

附件19 借记通知(承兑手续费)

D:企业于30天后支付已承兑款项。

原始单据与B相同,只是日期不同,故省略。

(8) 2013年11月28日,直接从美元账户支付 USD10 000,开立信用证。

当日汇率:1美元=6.132 5元。

原始单据:附件20 特种转账借方传票(两个账户都是美元户)
　　　　　附件21 借记通知(支付开证手续费)

(9) 银行存款美元户期初余额 USD6 700,11月30日采用集中结转法调整银行存款——美元户,计算汇兑损益并作出调整会计分录。

11月1日汇率 USD1=¥6.145 2,11月30日汇率 USD1=¥6.112 4。

◆ 训练要求

(1) 根据所给资料及原始单据填写案例中空缺原始单据。
(2) 审核原始单据编制记账凭证。
(3) 登记银行存款美元户日记账。
(4) 期末调整银行存款美元户并计算汇兑损益。

四、深度思考

(1) 银行借记通知、贷记通知表达什么含义?
(2) 企业的哪些外汇收入是可以不结汇直接存入企业的外汇现汇账户的?
(3) 企业需用外汇时如何购汇?
(4) 人民币汇率升值对我国进出口贸易有何影响?

(5) 什么是集中结转汇兑损益？如何计算期末汇兑损益？

(6) 在集中结转法下，当期末汇率上升或者下降时对外币资产、负债类账户有何影响？

五、拓展阅读

1. 为什么银行的现汇买入价比现钞买入价要高一些

现钞是指钞票，通常指外币的钞票和硬币或以钞票硬币存入银行所生成的存款。

现汇主要是指以支票汇款托收等国际结算方式取得并形成的银行存款。

现钞买入价是指银行买入外币现钞所使用的汇率。因为与买入现汇相比，银行买入现钞后要承担更高的成本费用。您把现汇卖给银行，就是把您在国外银行的外汇存款卖给银行。这笔外汇存款从您卖给银行的那一刻起，就从您的名下转移到银行的名下。银行只要做相应账务处理，就可以马上得到这笔在国外银行的外汇存款，并可以马上开始计算利息，故现汇牌价较高。

如果银行买入的是现钞，由于外币现钞不能在交易的当地流通使用，需要把现钞运往国外，所以它不仅不能立即获得存款和利息，而且还得支付费用保管现钞。等到现钞积累到足够数量，银行才能把这些外币现钞运送到国外，存在国外的银行里。直到此时，银行才能获得在国外银行的外汇存款并开始获得利息。银行收兑外币现钞需要支付的具体费用包括：现钞管理费、运输费、保险费和包装费等，这些费用就反映在现钞买入价低于现汇买入价的差额里。

2. 外汇收入与支出的管理

企业出口所得外汇，除在限额内允许企业保留现汇外，其余均应办理结汇。企业因出口业务需要支付的国外运费、保险费、佣金及退货理赔款等，其所需外汇，除按规定可以从企业保留的现汇中支付外，其余均可凭单据向银行申请购汇支付。

3. 根据外汇管理规定，以下外汇收入可以不结汇，持外汇局核发的开户凭证，在外汇指定银行开立外汇账户

它们包括：

(1) 国家批准专项用于偿还境内外外汇债务并经外汇局审核的外汇。

(2) 捐赠协议规定用于境外支付的捐赠外汇。

(3) 境外借款、发行外币债券、股票取得的外汇。

(4) 境外法人或自然人作为投资汇入的外汇。

(5) 外国驻华使领馆、国际组织及其他境外法人驻华机构的外汇。

(6) 外商投资企业的外汇。

(7) 居民个人及来华人员、个人的外汇。

4. 什么是企业购汇的程序

（1）根据国家外汇管理局的要求，企业必须在办理进口付汇业务之前或办理进口付汇业务的同时，办理名录登记手续。企业办理名录登记时，须提供以下资料：①对外贸易经营者备案登记表副本；②营业执照副本；③企业组织机构代码证书；④进口单位进入名录申请表（加盖单位公章）。

（2）企业将充足的配套人民币资金存放于指定的银行账户中。

（3）提供银行要求的进口商业单据和有效凭证，内容包括：进口合同、正本提单、发票、收据、进口许可证、进口登记表、特种商品进口登记证明等文件；而根据不同的结算方式的要求，还应提供附加资料，如进口开证项下购汇应提供开证申请书；进口托收项下购汇应提供有关付款通知单等。

（4）填写一式三联的银行购汇（付汇）申请书，连同上述进口证明文件提交银行审核给付。

5. 外贸企业在银行办理贸易外汇收支业务程序

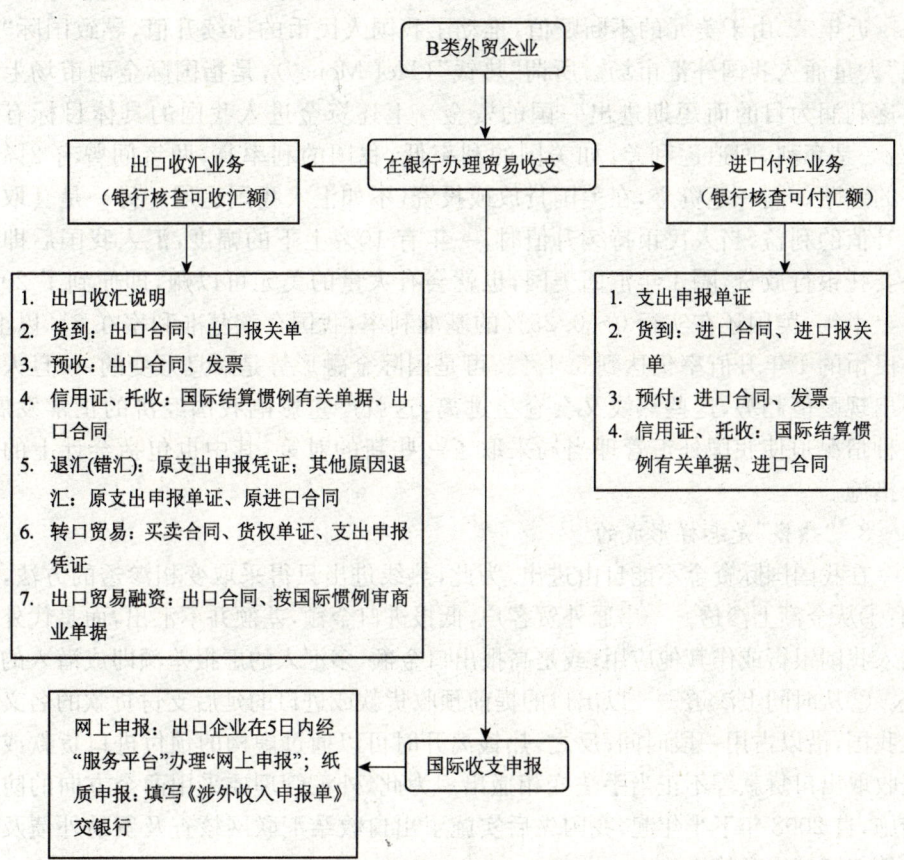

图3-1 外贸企业在银行办理贸易外汇收支业务程序图

6. 人民币汇率升值对我国进出口贸易的影响

(1) 有利于降低进口成本。人民币汇率升值可以用较低的人民币汇率购进外汇支付进口货款,故降低进口成本。有利于我国引进国外先进技术、设备,我国进口依存度较高的行业主要有石油、天然气、航空、电力等设备。人民币升值有利于加工贸易的发展,进口原材料的本币价格降低,加工贸易的生产成本降低,自然以加工贸易方式出口商品外币价格降低,增加出口商品的竞争力。

(2) 有利于中国企业"走出去"。人民币升值意味着中国企业到海外投资成本下降。使得他们以较低的成本在国外投资设厂,从事跨国经营。

(3) 不利于外贸出口。人民币升值将提高我国出口商品的外币价格,直接削弱我国出口商品的价格竞争优势。尤其是我国出口主要以劳动密集型商品为主,科技含量和附加值都比较低,一旦提高出口商品价格,将造成这些低端商品价格优势丧失,极易被东南亚国家取代。

7. 何为"热钱"

近年来,由于美元的不断贬值,推动了我国人民币的持续升值,导致国际"热钱"大量涌入我国外汇市场。所谓"热钱"(Hot Money),是指国际金融市场上以追逐利润为目的而短期进出一国的资金。上述资金进入我国的具体目标有两个:一是套利,即追逐利差,如美国的利率低,我国的利率高,两者间曾有2%上下的差距。同一笔资金,在美国贷放或投资,不如汇入我国运用。另一是套取汇率升值的利益,当人民币持续升值时,一年有10%上下的幅度,汇入我国后即使是委托银行放贷,隔1年汇回美国,也就会有大量的美元可以赚,即便到了2011年上半年,美国还在实行0~0.25%的基准利率,我国存款基准利率在3%以上,人民币的1年升值率仍达到5.4%。可是国际金融形势是瞬息万变的,一旦人民币出现贬值趋势,这些热线又会仓皇逃离,这就严重影响我国经济的正常发展。这种情况迫使我国外汇管理当局采取了一些新的对策,其中也包括会计上的配套措施。

8. "热钱"是怎样形成的

在我国国际资金不能自由进出,为此,热线进出只得采取变相渗透的方法,例如:①从金额上渗透——串通外贸客户,低报进口金额,差额并不汇出,而是代外方存入我国银行或作其他应用;或是高报出口金额,多汇入的虚报差额即成潜入的热线。②从时间上渗透——以出口的提前预收货款或进口的延后支付货款的名义进入我国,借以占用一段时间;反之,热钱离开时可以通过虚构的预付进口货款或延迟收取出口货款等不正当手法变相撤出。为此,外汇管理要采用两个方向的防堵措施,自2008年下半年起,我国先后实施了出口收结汇联网核查及贸易外债及对外债权登记管理等措施。

9. 何为出口收结汇的联网核查

出口收结汇应当具有合法、真实的交易背景。

为了加强核查出口交易与收结汇的真实性与一致性，特采用互联网上的出口收结汇联网核查系统(网址为 http//www.chinaport.gov.cn)，依据海关提供的报关单有关数据和外汇局提供的出口预收货款数据，进行出口电子数据等的联网核查，并让银行监控企业对出口收汇的使用。

10. 货物贸易项下对外债务的登记管理

这里说的外债，是指企业出口预收货款和进口延期付款。预收货款和延付货款也可以利用为热钱潜入渠道。对这两者的防堵热钱的措施是贸易项下的外债登记管理。

预收货款在签约日或实际收到预收货款之日起15个工作日内，办理合同登记手续；如合同无约定，则在实际收到预收货款的同时，办理预收货款提款登记手续。

延期付款是指进口货物在货到付款项下合同约定付汇日期晚于合同约定进口日期，或付汇日晚于报关日超过90天的。这里所谓货到付款项下，只指电汇(T/T)和托付，不包括信用证。企业新签进口合同中有延期付款条款和实际发生延期付款的，应在签约日起或在海关签发报关单后90天之日起15个工作日内办理登记手续。在货款对外支付之日起15个工作日内，企业应办理注销手续。

登记应在互联网上国家外汇局应用服务平台 www.safesvc.gov.cn 中的"贸易信贷登记管理系统"中逐笔进行。

11. 对外债权的登记管理

国家外汇局为了规范货物贸易项下资金的跨境流动，建立健全境外债权的统计监测体系，在2008年11、12月先后对进口的预付货款和出口的延期收款实施登记管理。

（1）进口预付货款——指货物进口约定付汇日期早于约定进口日期，或实际付款日期早于实际报关日期的付款。

（2）出口延期收款——指货物出口合同约定收汇日期晚于约定出口日期，或实际收汇日期晚于实际报关日期。

企业新发生预付货款时，须通过互联网上的"贸易信贷登记管理系统"(www.safesvc.gov.cn)进行逐笔登记和注销。

12. 人民币国际化趋势下的外汇会计

随着人民币国际化趋势的扩大，现行外汇会计的使用范围将相应有所压缩。

首先，可以预计的是人民币成为定价与结算货币，为我国企业消除了汇率风险，在会计方面就不会有汇兑损益、期末重折算和汇率风险防范等操作内容，在财务上也省去了纷繁的外汇管理程序及某些银行兑换费。

其次，由于上述人民币国际化的进展，国内外贸企业在手头将会持有境外人民币头寸，从而其日常外汇会计核算必须作出相应的改变，那就是在"库存现金"、"银行存款"等账户下分别增设有关"境外人民币"的子目。这两个账户将共有以下科、子目：

  库存现金——库存人民币
     ——库存××外币（保税区内企业使用）
     ——境外库存人民币
  银行存款——人民币户
     ——境外人民币户
     ——××外币户

  境外人民币境外外汇还是有监管的，要单独记账，单独上报外汇局。

自营出口业务核算岗

一、训练目标

（1）了解自营出口业务流程。
（2）熟悉与自营出口业务会计核算有关的原始单据的审核要点。
（3）审核、填制有关自营出口业务原始单据，并进行会计核算。
（4）编制主要出口商品盈亏计算表，并进行简要分析。

二、自营出口核算岗岗位操作流程

（1）根据出口合同备货，财务部门与国内供货单位进行货款结算。
（2）CIF价格条件下，办理租船、订舱和出口货物海运保险，财务部门与货运代理公司及保险公司办理款项结算（FOB价格条件出口方不办理该项业务）。
（3）货物报关出口，取得出口货物报关单，为今后定期申报出口退税做好准备。
（4）支付国内各项费用，包括国内运费、货代费用（订舱费、港口操作费）、报关费以及保险费用等。
（5）跟银行办理出口结汇，保证出口货款的安全和及时收汇。
（6）备齐出口货物报关单、增值税专用发票等有关单据办理出口退税。

三、能力训练项目

训练项目一　自营出口业务全流程会计核算训练

◆ **背景资料**

天津泰福进出口有限公司与美国JACK RICHESON & COMPANY, INC.签订出口合同，向其出口钢化玻璃600片，出口成交价CIFC5％ CHICAGO每片$31，成交总额$18 600。该批货物出口海运费$680，出口保险费$800，采用即期信用证方式结算。该批商品于2013年8月13日从江苏宿迁市利华玻璃厂购进，进货总价值58 978.58元，增值税税率17％，税款10 026.36元。该企业外汇业务采用当月1日汇率折算为人民币，8月1日美元中间价USD1＝￥6.0920。

◆ 业务顺序

(1) 2013 年 8 月 13 日,收到利华玻璃厂的增值税专用发票,填写银行电汇凭证,支付供出口的钢化玻璃货款及银行费用。

原始单据:附件 22 增值税专用发票(二、三联)
　　　　　附件 23 浦发银行电汇凭证(学生填)
　　　　　附件 24 浦发银行手续费收费回单

(2) 8 月 15 日,收到正泰物流有限公司开具的国内费用增值税专用发票,由该公司将钢化玻璃运至天津新港装船,填写电汇凭证支付国内费用。

原始单据:附件 25 增值税专用发票(二、三联)
　　　　　附件 26 电汇凭证(学生填)
　　　　　附件 27 浦发银行手续费收费回单

(3) 8 月 17 日,填写境内汇款申请书,从美元账户直接支付天地保险公司国外保险费 \$800。

原始单据:附件 28 保险费发票
　　　　　附件 29 境内汇款申请书(学生填)

(4) 8 月 18 日,收到正泰物流有限公司国外运费增值税专用发票,填写一式三联的购汇申请书购入美元,同时采用电汇方式支付国外运费 \$680。

原始单据:附件 30 增值税专用发票(二、三联)
　　　　　附件 31 购汇申请书(用于办理银行批汇,学生填)
　　　　　附件 32 境内汇款申请书(学生填)

(5) 8 月 20 日,商品装运出口,业务员取得正本出口装船提单后,提供全套出口收汇单证(主要有商业发票、装箱单、运输提单、保险单证、报关单、商检产地证以及汇票等),向银行办理交单结汇(如果是 T/T 结算方式的出口业务,业务人员直接跟国外客户办理结算)。财务人员凭出口发票副本确认销售收入,并按照逐笔确认的方法,立即结转出口销售成本。

原始单据:附件 33 出口发票
　　　　　附件 34 出库单

(6) 8 月 30 日,银行转来贷记通知,货款已收妥入账。部分货款填写"结汇申请书"结汇,部分货款直接存入美元账户。采用逐笔结转法确认汇兑损益。

当日美元中间价:USD1＝￥6.085 3

结成人民币:附件 35 贷记通知
　　　　　附件 36 结汇申请书(学生填上半部分)

入外币账户:附件 37 外币支付凭证(学生填)

注:网上进行涉外收入申报,不用手工填写"涉外收入申报单"。

◆ **训练要求**

(1) 根据资料填制有关原始单据。

(2) 审核原始单据编制记账凭证。

(3) 登记"主营业务收入——自营出口销售收入"明细账并结账（多栏式账页）。

(4) 根据本实训项目数据，编制"主要出口商品成本及盈亏表"并进行简要分析。

训练项目二　自营出口佣金会计核算训练

如果上题是暗佣，即在合同中定有佣金率和支付方式，但在价格术语和出口发票上均未列明佣金率，对于暗佣应如何处理？

(1) 财务人员按照出口发票副本确认收入，同时按照5%的佣金率确认应付佣金。

原始单据同训练项目一，单据及分录省略。

(2) 在8月30日结汇后，9月9日另外汇付国外佣金。

当日美元中间价：USD1＝￥6.1377

填写境外汇款申请书，由美元户直接支付：

附件38 境外汇款申请书

填写购汇申请书，由人民币户购汇支付：

附件39 购汇申请书（学生填）

　　　40 境外汇款申请书（学生填）

训练项目三　自营出口核算能力提升

本案例为进一步提高学生的实际操作能力而设置，不再提供业务背景资料及业务顺序，由学生根据提供的原始单据自行分析经济业务内容并做出会计处理。具体见训练要求

该笔出口业务外汇业务采用业务发生时的汇率核算，逐笔结算汇兑损益。

第1题：附件41 出口发票

　　　　　42 出库单

交单日汇率：买入汇率 USD1＝￥6.121 0

　　　　　卖出汇率 USD1＝￥6.123 7

第2题：附件43 增值税专用发票（国内费用）

　　　　　44 支票存根（学生填）

第3题：附件45 浦发外汇会计凭证

46 结汇申请书

47 涉外收入申报单

结汇日汇率：买入汇率 USD1＝￥6.131 8

卖出汇率 USD1＝￥6.134 0

◆ 训练要求

(1) 根据出口发票提供资料，说明业务背景。

(2) 审核原始单据，说明表述的经济业务内容并编制会计分录。

四、深度思考

结合训练项目思考以下问题：

(1) 增值税专用发票联次及各联作用分别是什么？增值税专用发票审核要点有哪些？

(2) 出口发票的审核要点有哪些？

(3) 自营出口销售业务中，销售收入的入账时间应如何掌握？销售收入的入账金额是什么？

(4) 出口不予退税的部分应如何处理？自营出口业务中结转出口销售成本的方法是什么？

(5) 什么是出口结汇？出口结汇有哪三种方式？出口结汇的主要单据有哪些？

(6) 什么是出口企业待核查账户？

(7) 什么是汇兑损益？汇兑损益的集中结转法和逐笔结转法有何区别？

(8) 自营出口业务支付国内费用及国外费用的会计处理有什么区别？

(9) 出口每美元成本的含义是什么？

(10) 出口佣金的种类各自含义分别是什么？各种佣金的会计处理有何区别？

(11) 实训项目一和项目三的成交价格条件？对出口方来说，贸易从属费用有何不同？

五、拓展阅读

1. 出口合同履行环节

出口合同履行一般包括以下主要环节：①组织对外成交；②组织出口货源；③催证或通知派船；④办理托运手续；⑤交单结汇（财务上确认销售收入）；⑥妥善处理索赔理赔。

2. 出口业务流程简图

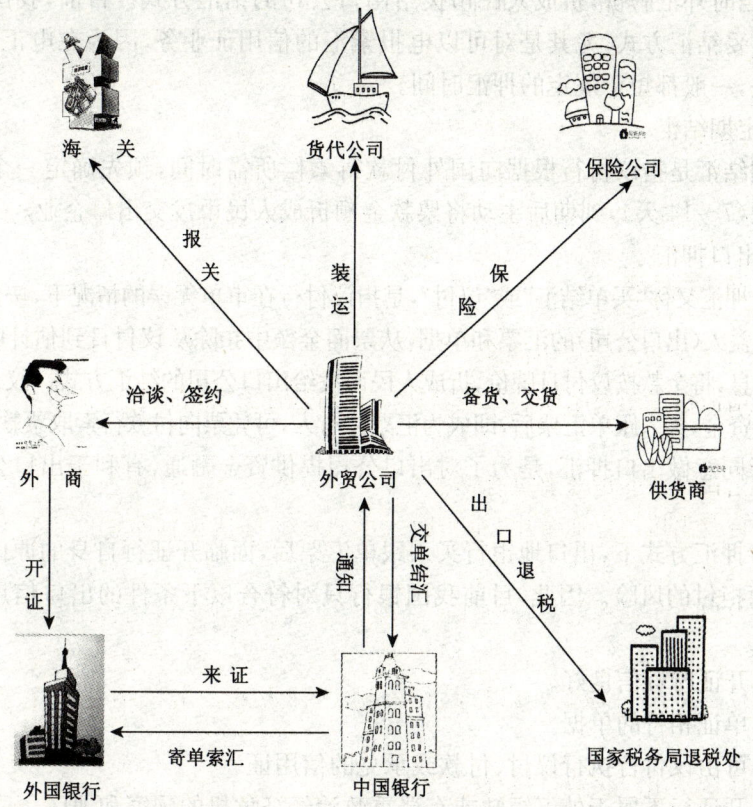

图 4-1 出口业务流程简图

3. 出口会计岗的工作

(1) 接到业务部门转来的正本提单等全套单证后登记出口商品销售账,保证按配比原则结转成本。审查出口运费、保险费及佣金。

(2) 对逾期未收汇情况,应及时抄单通知业务部门催收。

(3) 年终负责与出口部门一起清查盘点库存商品。

4. 出口结汇的含义和方式

出口结汇是指外汇收款人将外汇卖给银行,银行按照外币的汇率支付给等值的人民币。

出口结汇有三种方式,分别如下所述。

1) 收妥结汇

收妥结汇又称"先收后付",是指议付行收到出口公司的出口单据后,经审查无误,将单据寄交国外付款行索取货款,待收到付款行将货款拨入议付行账户通知书时,即按当时外汇牌价,折成人民币拨给出口公司的结汇方式。目前,我国银行一般采用收妥结汇方式,尤其是对可以电报索汇的信用证业务,因为在电汇索汇时,收汇较快,一般都短于规定的押汇时间。

2) 定期结汇

定期结汇是指议付行根据向国外付款行索偿所需时间,预先确定一个固定的结汇期限(7~14 天),到期后主动将票款金额折成人民币拨交出口企业。

3) 出口押汇

出口押汇又称"买单结汇"或"议付",是指议付行在审单无误的情况下,按信用证条款买入受益人(出口公司)的汇票和单据,从票面金额中扣除从议付日到估计收到票款之日的利息,将余款按议付日牌价,折成人民币拨给出口公司的结汇方式。议付行向受益人垫付资金,买入跟单汇票后,即成为汇票持有人,可凭票向付款行索取票款。

银行同意做出口押汇,是为了对出口公司提供资金融通,有利于出口公司的资金周转。

出口押汇方式下,出口地银行买入跟单汇票后,面临开证行自身的原因或单据的挑剔而拒付的风险。因此,目前我国银行只对符合以下条件的出口信用证业务作押汇:

(1) 开证行资信良好。

(2) 单证相符的单据。

(3) 可由议付行执行议付、付款或承兑的信用证。

(4) 开证行不属于外汇短缺或有严重政治经济危机的国家和地区。

押汇分录:

借:银行存款(或外汇存款)
　　财务费用(利息及手续费)
　贷:短期借款——出口押汇

5. 出口企业待核查账户的含义

一般贸易及进料加工——当企业有出口收汇时,要办理委托银行向国外收汇(采用信用证等形式)。在以往,银行会在办妥收汇后贷记出口企业账户(银行欠企业),企业即可动用资金。现在要由外汇指定银行为出口企业开立"出口收汇待核查"账户,不能立即动用,然后进行联网核查,即与企业出口向海关报关时在网上呈报的报关单("金税工程"中电子口岸报关系统)信息,要核查一致。然后将"可收汇款"划转到企业的"经常项目外汇"账户中,方可在银行监督下动用这笔外汇,或是结汇为人民币。

与此相对应,在企业账上,对这笔待核查外汇暂时还不能动用,也不能用于质押以借入资金;反之,公检法部门至少可以直接要银行扣押或划转他户。可见这笔资金当前还不是企业拥有完整所有权甚至使用权的资产。根据会计理论,凡是不能自由用于偿债或作其他用途的"现金",不能列入"库存现金"账户(在我国包括银行存款)。因此,先借记"其他货币资金"账户。要到银行经过联网核查将外汇资金转入"经常项目外汇"账户时,企业才可将其转入一般"银行存款"账户。

6. 出口收入可以部分存放境外

自2011年1月1日起,允许有条件的国内企业将出口收汇在境外自找银行开户存放,供支付营业上的外汇开支,不再强制汇回国内。但仍要定期向国内主管外汇局事后列报,接受非现场监督检查。

7. 海洋运输货物保险的由来

由于在海运和空运中广泛存在危险,国际商人面临大量的风险。必须有某种方法来防护货物由于台风、搁浅、碰撞、火灾、恐怖主义者的劫持、海盗等所造成的毁损与灭失。自16世纪起,荷兰、英国等海上贸易蓬勃发展,实践中创造出了保险这种分散和公担风险的办法。一批承保人集中在英国伦敦,和船主、货主谈生意,逐渐形成了私人保险组织,其后英国正式颁布了保险法,个体承包人也组成了法人,至今还领导着保险的国际市场。

航海在历史上被认为是船东和货主的一种共同经营。一些国际惯例规定船东对货物在运输中的损失负有赔偿责任,如每件最高为1万法郎,美国则规定为每件最高500美元等。但是,承运人的赔偿责任却很有限,这就使货主不得不去投保保险了。

8. 中国保险条款中的海洋运输货物条款

各国所用的险别条款在1982年前基本上都采用英国所用条款。中国自1981年1月1日起采用的是取法于英国条款订出的"中国保险条约"(China Insurance Clause,简称为CIC)。英国保险商在1982年起改用了修改后的保险协会条款(Institute Cargo Clause,简称ICC)。

当前已有多家中国保险公司,如中国财产、平安、太平洋保险公司等,它们都采用1981年1月1日中国人民保险公司条款(简称"人保条款")。很多外国保险公司已进入中国市场或正在准备进入中国市场,它们都采用CIC。我们已了解世界通用术语的一般概念,现在引列入人保条款的具体文本如下。

附:海洋运输货物保险条款

一、责任范围

本保险分为平安险、水渍险及一切险三种。被保险货物遭受损失时,本保险公司按照保险单上订明承保险别的条款规定,负赔偿责任。

（一）平安险

本保险负责赔偿：

1. 被保险货物在运输途中由于恶劣气候、雷电、海啸、地震、洪水自然灾害造成整批货物的全部损失或推定全损。当被保险人要求赔付推定全损时，须将受损货及其权利委付给保险公司。被保险货物用驳船运往或运离海轮的，每一驳船所装的货物可视作一个整批。

推定全损是指被保险货物的实际全损已经不可避免，或者恢复、修复受损货物以及运送货物到原定目的地的费用超过该目的地的货物价值。

2. 由于运输工具遭受搁浅、触礁、沉没、互撞、与流冰或其他物体碰撞以及失火、爆炸意外事故造成货物的全部或部分损失。

3. 在运输工具已经发生搁浅、触礁、沉没、焚毁意外事故的情况下，货物在此前后又在海上遭受恶劣气候、雷电、海啸等自然灾害所造成的部分损失。

4. 在装卸运转时由于一件或数件整件货物落海造成的全部或部分损失。

5. 被保险人对遭遇承保责任内危险的货物采取抢救、防止或减少货损的措施而支付的合理费用，但以不超过该批被救货物的保险金额为限。

6. 运输工具遭遇海难后，在避难港由于卸货引起的损失以及在中途港、避难港由于卸货、存仓以及海运货物所产生的特别费用。

7. 共同海损的牺牲、分摊和救助费用。

8. 运输契约订有"船舶互撞责任"条款，根据该条款规定应由货方偿还船方损失。

（二）水渍险

除包括上列平安险的各项责任外，本保险还负责被保险货物由恶劣气候、雷电、海啸、地震、洪水自然灾害所造成的部分损失。

（三）一切险

除包括上列平安险和水渍险的各项责任外，本保险还负责被保险货物在运输途中由于外来原因所致的全部或部分损失。

9. 出口佣金支付的形式

出口佣金支付的三种形式包括：

（1）票扣。票扣也称明佣，即在发票上减除的佣金。在信用证上规定有扣除佣金的字句，上述明佣即采用票扣方式。

（2）汇付。即由卖方收到全额货款后再向中间商汇付佣金。通常我国采用汇付形式，汇付是目前支付佣金时使用最多的一种方式。

（3）议付。即在信用证议付（银行垫付款）时扣除佣金。这可看成是上述汇付形式的收后再付的简化，议付行只议付不含佣金，佣金由开证行径付中间商。

暗佣多采用汇付及议付方式。

10. 出口佣金三种支付方式的区别

我国外汇管理规定,贸易佣金一般不得超过货价的 10%(实践中一半多掌握在 5% 以下),并必须贯彻"先收款后付佣金"的原则。1994 年 4 月起,明佣在 5% 以内,暗佣在 2% 以内,可不经批准直接售汇。

(1) 在明佣票扣中进口方要分别支付:将货款 970 美元支付给银行而将佣金 30 美元支付给其中间商。

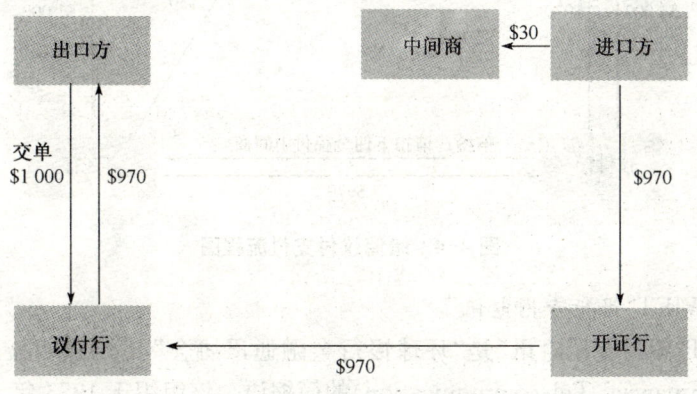

图 4-2 明细支付流程图

(2) 在暗佣汇付中进口方将全额 1 000 美元付给银行,而由出口方径直将佣金 30 美元支付给中间商,因此,进口方不知道中间商拿到多少佣金或是否拿到佣金,从而隐含一种中间商另向进口方收取第二道佣金的可能。

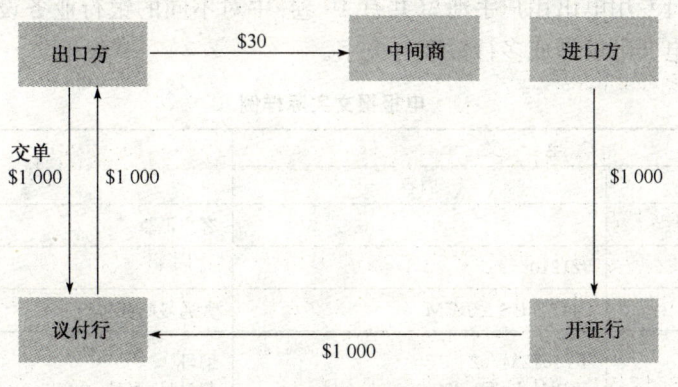

图 4-3 暗佣汇付支付流程图

(3) 在暗佣议付佣金中,出口方在请国内议付银行垫付货款时,填写 1 000 美元并委托银行代付国外佣金 30 美元。国内议付行在向国外开证行索款时另加一张封面函件,委托支付 30 美元,从而国外开证行虽向进口方收取全额 1 000 美元,但只向出口方支付净货款 970 美元,而由其将 30 美元直接付中间商。这样,进口方对中间商所付的佣金也不知情。

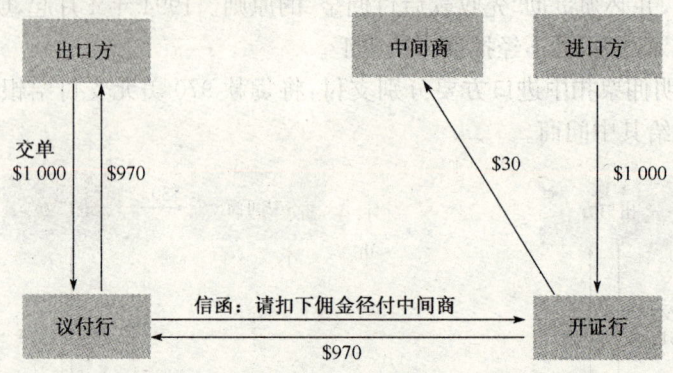

图 4-4 暗佣议付支付流程图

11. SWIFT"银行专用电讯"

SWIFT"银行专用电讯"是"环球银行金融通讯协会"(Society for Worldwide Interbank Financial Telecommunication)的简缩语。该组织于 1973 年 5 月开办专业电传业务,进行银行间的全部外汇、拆散、债务及大部分的资金划拨业务。SWIFT 分为紧急及普通两种:普通 SWIFT 可代替信汇、电汇、电传汇款。我国中国银行等已参加该组织。当前它已联通 8 000 多个最终用户,特点是安全、高速、低廉和自动化。

在《银行专用电讯用户手册》(共有 10 卷)中对不同的银行业务设计了专门的编码,一张电文可以译成多行数字与文字。

表 4-1　　　　　　　电报报文实际样例

编码	电　文		解释
	内容		
MT100			客户汇款
日期	021210		
送达	CHAS US 33REM		大通曼哈顿银行
:20	TT101234/02		编号
:32A	021210 USD1 000 000		起息日、币种、金额
:50	CHINA FOOD E/I CORP		汇出客户(中国食品进出口公司)
:57	BANK OF CHINA		开户行(中国银行)
:59	ABC CORP		受益客户(ABC)公司
:70	REMITFOR CUSTOMS DUTY		支付细节(汇去关税)
…	AUT/34567		证实者(密押核对)

12. 信用证的格式

信用证有三种格式：

(1) ICC（总部设在巴黎国际商会）制订的标准格式——它用一张带有含义清晰的多个标题的空白表式（来替代许多传统的含义暧昧的词句。我们把它作为主要典型，因其有直观而易懂的优点见表4-3)。

(2) "银行专用电讯"格式——这是最为现代的格式，在"银行专用电讯"成员银行中使用。目前我国已见到此种形式的国外来证。

(3) 常规的信件格式——这是信用证创始以来的传统格式，现在还作为主要格式用于美国和加拿大等国。其中种种英文术语，有一定难度（见表4-2)。

表4-2　　　　　　　　　　　信件式信用证实例

D. W. 银行

日期：2013年8月5日

受益人：ABC出口公司（地址：……）

不可撤销信用证

敬启者：

编号：104-44-3673109

兹授权贵公司开出由 D. W. 银行付款，记入 K. B. 公司（地址……）账户的汇票，最高金额累计可达 USD87 300（捌万柒仟叁佰美元整）。贵公司可按发票金额100%开出即期汇票，并附下列单证：

(1) 已签明商业发票一式三份；
(2) 装箱单一式三份；
(3) 保险单或证明书，包括按发票金额110%计算的一切险、战争险及罢工险，并规定在日本索赔；
(4) 2/3清洁已上船海运提单，证实下列商品已装上××船，从中国港口运至日本大阪、空白抬头、空白背书。不可分批次装运及转船。

睡衣12 600套

型号	数量（套）	CIF 大阪价	总　价
A	3 600	(USD)7.80	28 080.00
B	5 400	6.50	35 100.00
C	600	5.20	3 120.00
D	3 000	7.00	21 000.00
共计	12 600		87 300.00

一份正本提单、发票及装箱单应在发运后以航空挂号邮件径寄开证申请人。
在日本以外的一切银行费用均由受益人负担。
货物发运后10天内必须向银行交单。
海运提单日期必须不迟于2013年9月15日。
汇票和单证必须不迟于2013年9月25日作议付，地点在中国。
本信用证遵守《跟单信用证统一惯例》2007年版，ICC＃600出版物。
我方同意对符合本信用证所开条款开出的汇票出票人、背书人和善意持票人在符合要求的交单下对收款人及时兑付。

×××（签名）谨具

表 4-3　　　　　　　　**Irrevocable Documentary Credit**
　　　　　　　　　　　　不可撤销跟单信用证

Name of Issuing Bank(开证行) D.W.银行 日本，大阪……	**Irrevocable Documentary credit**（不可撤销跟单信用证）	**Number**
Place and Date of Issues(开证地点及日期)日本，2013年8月9日	colspan**Expiry Date and Place for Presentation of Documents**（交单限期及地点） **Expiry Date：** 2013年9月25日 **Place for Presentation：** 中国	
Applicant（开证申请人） K.B.公司 日本，大阪……	colspan**Beneficiary**（受益人） ABC公司 上海联合大厦……	
Advising Bank（通知行）　　Reference No. 中国银行 上海虎丘路50号	colspan**Amounts**（金额）US$87 300.00 捌万柒仟叁佰元整	
Partial shipments（分批运输）☒allowed（可）☐not allowd（不可）	colspan**Credit available with Nominated Bank：**（运用本证的指定银行） ☐ by payment at sight（即期付款） ☐ by deferred payment at:（延期付款） ☐ by acceptance of drafts at:（承兑汇票） ☒ by negotiation（议付） Against the documents detailed herein:（凭如下细节的单证）	
Transshipment（转运）☒ allowed（可）☐not allowd（不可）		
☐Insurance covered by buyers（买方已投保险）		
Shipment as defined in UCP 500 Article 46（货运） From：（启运地） For transportation to:（目的地） Nor later than:（最迟装期）	colspan☒ and Beneficiary's draft(s) drawn on:（受益人汇票付款人） D.W.银行　　日本，大阪……	
**Documents required**：（要求单证） Commercial Invoice, one original and 3 copies(三份正本商业发票) 2/3Multimodal Transport Document issued to the other of Mrked freight prepaid.(2/3 清洁提单，空白抬头，运费已付的联运运单) Insurance Crtificate covering the All Risk CIC and the War and Srike Clauses for 110% of the invoice value endorsed to applicant.(保证金明，按发票金额110%投保CIC一切险，战争险及罢工险) Certificate of Origin evidencing goods to be of ×××Origin　（产地证） Packing List（装箱单） Covering：Commodities as per pro-forma invoice ×××(内装物) deated July 17,1993-CIF INCOTERMS 2000： 睡衣 12600套		

	型　号	套　数	CIF 大阪美元价	美元总金额
	A	3 600	7.80	28 080.00
	B	5 400	6.50	35 100.00
	总　计	12 600	…	87 300.00

唛头：钻石型……CIF 大阪
附加条款：
　　1. 正本提单、发票、装箱磅码单及受益人证明书应在发运后以航空挂号邮件径寄开证申请人。
　　2. 短装各容许5%。
　　3. 以外的一切银行费用……由受益人负担。
　　4. 用证无保兑。
　　5. cuments to be presented within 14 days after the date of shipment but within the validity of the Credit.(装后交)

We hereby issue the irrevocable Documentary Credit your favour.It is subject to the Uniform Customs and Practice for Documentary Credits（1993 Revision，International chamber of Commerce，Paris，France. Publication No.500）and engages us in accordance with
the terms thereof. The number and the date of the Credit and the name og our bank must be quted on all drafts required.If the Credit is available by negotiation, each presentation must be noted on the reverse side of this advice by the bank where the Credit is available. (服从 ICC500 的声明)

This document consists of 1 signed page

13. 外贸企业结转出口商品销售成本的时间特点

应在商品销售实现的同时进行,这是外贸企业会计实践中的特点之一。目前一般采用"一笔一清"(即销售一笔结转一笔成本)的配对结转成本的实践。这样不仅保证结转成本及时,同时也防止了重转、错转、漏转成本现象的产生。结转的会计分录如下:

借:主营业务成本——自营出口
　　贷:库存(出口)商品

14. 了解出口合同

出口贸易是以签订出口合同为依据进行的。出口业务合同既是国际间销售货物的一种最基本的合同,也是涉外经济合同之一。出口业务合同一经依法订立,即具有法律约束力,并受法律保护和监督。合同双方严格按照合同规定的有关条款,认真履行应尽的义务。

对出口方来说,主要是按时交付销售的货物,移交与货物有关的单据和转移货物所有权,同时也就确立了可按合同规定收取货款的权利。因此,严格按照出口业务合同有关条款履行应尽的义务,是防止造成纠纷和损失的关键。

出口合同一般包括五个方面的基本内容,与进口合同一样(此处从略),但出口企业应特别关注出口合同中有关出口货物的品名、规格、数量、包装、交货时间、地点、单价、金额及价格条件,货款支付的时间、地点、方式以及违约或争议的处理等,这些内容都与出口业务的会计核算密切相关。同时,出口业务的会计核算必须以出口业务合同为中心,在核算的同时,还负有对企业履行出口业务合同全过程的监督职能。

15. 出口单证分类

1) 出口业务单证

出口业务单证包括出口合同、装箱单、出口发票、报关单、海运提单、细码单、原产地证书、出口商品检验证书、增值税专用发票。

2) 出口报关单证

出口报关单证包括报关单、出口发票、装箱单、出口许可证(副本)、出口商品检验证书。

3) 出口退税单证

出口退税单证包括报关单(出口退税联)、出口发票、增值税专用发票(税款抵扣联)。

16. 国际贸易是国际间的商品买卖也是单据的买卖

(1) 根据国际结算的有关规定,银行履行付款责任的依据是只凭单据而不是有关的货物。

（2）就出口业务而言，出口单证不仅是履行合同的重要手段，也是用于收汇的重要依据，因此从某种意义来讲，"单证就是外汇"。出口单证必须做到正确、完整、整洁、及时，并需经过严格的审核，否则就会严重影响安全和及时收汇。

（3）出口单证是办理出口退税的重要依据。

（4）在发生经济纠纷时，单据是处理事端的司法凭据，它具有涉外法律文件的性质。

财会部门必须加强对出口单证的审核，以及出口销售金额、境外运输、保险、佣金等费用支出的核算，以免影响及时、正确地办理出口退税工作。

17. 企业以出口交单日作为确立销售成立的时间

企业在按出口合同或信用证规定对外发货后，业务人员应及时将全套出口单证向银行交单，议付或托收货款。向银行交单体现了货物所有权的转移，确立了可按出口合同信用证规定收取货款的权利。

财会部门也以企业向银行交单之日，作为确立出口销售的依据，即根据出口发票及合同规定的其他内容，进行"出口销售"及"应收（付）外汇账款"的核算，并应经常做好交单后有关外汇账款的收、付情况的检查工作。

18. 出口贸易的不同银行结算方式

出口货款结算方式的使用，是安全、及时收汇的决定因素。为了确保安全收汇，出口货款的结算方式应以使用不可撤销的跟单信用证为原则。

为了灵活经营、扩大出口、推销积压商品、照顾老客户等需要，可以通过银行使用无证托收的结算方式，但应谨慎掌握，以防影响企业资金周转或者造成不应有的损失。不论出口采用何种结算方式，除了预收货款及小额样品销售可以自行对外寄单，其余一律通过银行交单。

19. 应收外汇账款的管理

出口应收货款必须逐笔以交单日期，按付款条件规定的期限，加计必需的托收在途日期，计算并注明预计应收回的日期，并经常进行检查，发现逾期情况，应通知外销员向客户联系催收。远期的付款期限，一般以不超过 90 天为限，超过 90 天应报企业领导同意，但最长不超过 180 天。财会部门应逐月抄列逾期 1 个月以上客户应收账款表，送业务部门和领导参阅。

出口退税业务核算岗

一、训练目标

(1) 根据给出单据填写有关出口退税申报表。
(2) 掌握关联号的编写。
(3) 在出口退税申报系统中进行基础数据采集。
(4) 掌握出口退税申报流程。

二、外贸企业办理出口退税业务流程

(1) 向主管征税的税务机关申请取得一般纳税人资格。
(2) 到主管商务部门办理备案登记。
(3) 向主管退税部门办理出口货物退(免)税认定手续。
(4) 向生产企业购进货物。
(5) 取得生产企业开具的增值税专用发票。
(6) 向海关报关出口货物。
(7) 从海关取得出口报关单。
(8) 凭有关单证向主管出口退税的税务机关申报出口退税。
(9) 主管出口退税的税务机关向国家金库开具收入退还书。
(10) 出口企业从银行取得出口退税款。

三、能力训练项目

训练项目一　出口退税相关表格填写

◆ 背景资料

本实训项目的业务背景资料与自营出口业务相同。

◆ 业务顺序

(1) 根据附件48"出口货物报关单"填写"外贸企业出口退税出口明细申报表"。
(2) 根据附件49"增值税专用发票"填写"外贸企业出口退税进货明细申

报表"。

(3) 企业收到出口退税款,根据原始单据作出会计分录。

附件 50 税收收入退还书(学生填)

◆ 训练要求

(1) 审核出口货物报关单及增值税专用发票。

(2) 填写出口退税相关表格。

训练项目二　关联号编写

◆ 背景资料

泰福进出口有限公司 10 月份购进及出口商品情况,如表 5-1 所示。

表 5-1　　　　泰福进出口有限公司 10 月份购进及出口商品情况

商品	进货日期	进货数量及单价	出口日期	出口数量
瓶塞	10 月 5 日 10 月 12 日	500 个@10 元 400 个@11 元	10 月 21 日	出口 800 个
玻璃瓶	10 月 10 日	100 个@100 元	10 月 15 日	出口 80 个
启瓶器	10 月 15 日 10 月 24 日	50 个@50 元 150 个@55 元	10 月 25 日 10 月 28 日	出口 100 个 出口 100 个

◆ 训练要求

天津泰福进出口有限公司 11 月初进行退税申报时应分几个关联号申报?

训练项目三　出口退税全流程会计处理

◆ 背景资料

天津泰福进出口有限公司为增值税一般纳税人,企业海关代码为 1202911243,纳税人识别号为 120103758612535,该公司 2013 年 7 月经营情况如下所述。

(1) 用于出口的购进货物明细如下:

进货凭证号	开票日期	商品名称	数量	计税金额	征税率	征税税额	退税率
① 3302063140013579 00	2013/07/06	计算器	61 480 个	312 941.88 元	17%	53 200.12 元	11%
② 3300063140098765 43	2013/07/10	扫描仪	3 500 台	917 190.24 元	17%	155 922.34 元	17%
③ 3300063140024686 00	2013/07/15	食品	21 945 千克	81 738.46 元	17%	13 895.54 元	5%

(2) 当期出口货物明细(美元汇率为 USD100=￥600):

报关单号	出口日期	商品代码	出口数量	美元离岸价	出口进货金额
① 817016367	2013/07/20	96122000	61 480 个	52 566	312 941.88 元
② 517054759	2013/07/28	0703902010	21 945 千克	12 000	81 738.46 元
③ 517054759	2013/07/28	8412909090	3 500 台	153 500	917 190.24 元

(3) 另外购进服装一批，取得增值税专用发票上注明的进项税额 68 000 元，该批服装全部内销，不含税销售额为 600 000 元，上期留抵税额为 30 000 元。

◆ 训练要求

(1) 计算该公司当期应纳及应退增值税额。
(2) 填报增值税纳税申报表及出口退税相关报表。
附件 51 增值税纳税申报表
附件 52 外贸企业出口退税进货明细申报表
附件 53 外贸企业出口退税出口明细申报表
附件 54 外贸企业出口退税汇总申报表

四、深度思考

(1) 什么是单票对应法？
(2) 出口退税中关联号的作用是什么？
(3) 怎样填写有关的出口退税申报的表格（基础数据采集）？
(4) 出口退税申报的流程是什么？
(5) 外贸企业申报出口退税需提供哪些凭证？
(6) 出口货物报关单在申报出口退税中的作用是什么？
(7) 增值税退税的征管程序是什么？

五、拓展阅读

1. 增值税专用发票左上角数字代码含义

增值税专用发票左上角 10 位数字是发票代码。前面 4 位是指地区代码（如 3300 属于浙江省），与纳税人所在的行政区代码的前 4 位是相同的；第五、第六位是指发票制版年度（一般指年份，如 04，是指 2004 年版的）；第七位是指批次，如 3300044130 是浙江省 2004 年第四批；第八位是代表版本的语言文字（分别用 1、2、3、4 代表中文、中英文、藏汉文、维汉文），上述发票的代码的第八位是 1，说明是中文发票；第九位代表发票的联次，上面发票的代码的第九位都是 3，说明是三联式发票；第十位是指发票的金额版本号（手写发票分别用 1、2、3、4 代表万元版、十万元版、百万元版、千万元版，用"0"表示电脑版发票）。电脑版发票是有限额的，一般由主管税务机关根据纳税人的申请，审核以后报地、市、州，省级税务机关审批,分别可以核定最大开票限额万元、十万元、百万元、千万元。

现在电脑版只有三联,分别为抵扣联、发票联和记账联。

2. 外贸企业出口退税的计税方法——单票对应法的含义

单票对应法是指出口报关单(出口退税专用)和增值税专用发票抵扣联[消费税产品退税还包括税收(出口货物专用)缴款书]、出口发票等一一对应。申报退税出口数量等于进货数量,无论是出口还是进货都不保留结余。进货数量等于出口数量是使用"单票对应法"的前提,若出口数量大于进货数量,须等进货充足时申报退税,否则视同放弃多出部分出口数量的退税;若进货数量大于出口数量,可以采取将多余的进货进行分批,结余部分留在以后申报。外贸企业在申报退税时,应先进行业务配单,即先将用于申请退税的原始凭证收齐,然后根据其业务发生的真实性和关联性,把进货凭证与出口凭证关联对应,保证出口退税的准确。

3. 关联号的作用

关联号就是将退税凭证组织在一起,使购进与出口有了对应关系;关联号是进货数量和出口数量对应的桥梁,是仅用于单票对应方式下的进货业务和出口业务的唯一关联,以关联号为最小出口退税申报单位,每笔计算出口退税额。即同一关联号下,进货数量和出口数量相等。

关联号的基本设计规则:年份(4位)+月份(两位)+流水号(4位)。

在一次申报的同一关联号内统一商品代码下,存在以下四种进货与出口的对应关系:

(1) 一票进货对应一票出口,简称"一对一"。
(2) 一批(多票)出口对应一票进货,简称"多对一"。
(3) 一票出口对应一批(多票)进货,简称"一对多"。
(4) 一批(多票)出口对应一批(多票)进货,简称"多对多"。

对于"一对一"情况关联号的编制,如某外贸企业2010年4月份01部门购进一种商品全部出口,申报出口退税时其关联号为2010040001;若某外贸企业2010年5月份购进一种商品全部出口,申报出口退税时则其关联号为2010050001。

4. 在"出口退税申报系统"中采集基础数据

货物出口后,企业应及时将有关的原始单证资料收集齐全,在原始资料真实无误的前提下,按单票对应法的要求将进货和出口资料进行匹配,将本企业当期出口货物退(免)税纸质凭证的基础明细数据采集到出口退税申报系统。

1) 出口明细申报数据录入

进入申报系统后,点击"基础数据采集"菜单下"出口明细申报数据录入"进入出口明细数据录入界面,点击"增加"按钮开始录入数据。

(1) 联号。出口企业可自行编写,是进货和出口数据唯一关联的标志。

(2) 报关单号的录入。报关单号为"报关单编号 9 位码＋空号 0＋条数码（第一笔 01、第二笔 02）"。

(3) 美元离岸价录入。即 FOB 价，如果成交方式为 CIF 或其他，应折成 FOB。这是换汇成本检测的重要参考数据，企业应仔细录入。

(4) 商品代码的录入。按企业出口报关单上列示的商品代码录入。

(5) 代理证明号录入。委托出口是取得的受托方开具的"代理出口货物证明"编码＋项号（第一笔 01、第二笔 02），凡是代理出口的只录入代理证明号，不录入报关单号。

(6) 远期收汇证明录入。外贸主管部门出具的远期收汇证明的编号。

例如，上述实训案例出口报关单的录入。关联号：2013070001；序号：0001；报关单号：817016367001；出口日期：20130720；美元离岸价：52566；商品代码：96122000；出口数量：61480 录入完成后点击"保存并增加"按钮保存数据并继续录入下一条数据，点击"审核认可"对数据作逻辑检查并设置认可标志。

第二张报关单录入。第二、第三笔出口使用一张报关单，只在报关单号的录入时将该张报关单上的第一笔出口货物报关单号录入为：517054759001；第二笔录入为：517054759002。其余项目录入同第一张报关单。

录入完成后点击"保存"按钮保存数据，点击"审核认可"对数据作逻辑检查并设置认可标志，点击"退出"即可。

2) 进货明细申报数据录入

进入申报系统后，点击"基础数据采集"菜单下"进货明细申报数据录入"进入进货明细数据录入界面，点击"增加"按钮开始录入数据。

例如，根据上述实训案例增值税专用发票的录入。关联号：2013070001；进货凭证号：330206314001357900；发票开票日期：20130706；商品代码：96122000；数量：61 480；计税金额：312 941.88；其余项目自动生成。录入完成后点击"保存并增加"按钮保存数据并继续录入下一条数据，点击"审核认可"对数据作逻辑检查并设置认可标志，点击"退出"即可。

5. 外贸企业申报出口退税的程序

外贸企业出口退税分预申报和正式申报。

(1) 外贸企业出口退税的预申报。为保证正式申报的准确性，外贸企业在收齐出口货物退税凭证后、正式申报前，可向主管税务机关的退税部门进行一批次或多批次的出口货物退税预申报（以下简称预申报）。外贸企业可以自行选择是否进行预申报。预申报主要包括上门预申报、远程预申报和自助预申报等方式。

(2) 外贸企业出口退税的正式申报。外贸企业完成了预申报并且进行了预审反馈信息处理后，便可以在规定的申报期限内，向退税部门按月进行一批次或多批次出口货物免、退税申报(以下简称正式申报)。

1) 外贸企业正式申报前的准备工作

(1) 收齐当期(批次)出口货物退(免)税凭证,具体内容包括以下几种:

第一,出口货物的增值税专用发票(抵扣联)。

第二,"税收(出口货物专用)缴款书"或"出口货物完税分割单"(仅指购进出口的消费税应税货物)。

第三,出口货物报关单(出口退税专用)。

第四,代理出口货物证明。

以上纸质凭证须按顺序装订成册。

(2) 将本企业当期(批次)出口货物退税纸质凭证的基础明细数据采集到申报系统(对于已进行预申报的企业,不必重复进行基础数据采集和数据加工处理步骤,只需在申报系统内将经过反馈处理的数据转为正式申报数据即可)。

基础明细数据采集包括以下项目:①出口报关单(出口退税专用)明细数据采集(委托代理出口无此项);②增值税专用发票(抵扣联)明细数据采集;③税收(出口货物专用)缴款书或出口货物完税分割单明细数据采集(仅指购进出口的消费税应税货物);④代理出口货物证明明细数据采集(自营出口无此项)。

(3) 在申报系统内对当期(批次)申报明细电子数据进行加工处理。根据外贸企业出口业务,将进货申报数据与出口申报数据进行配比,具体包括以下项目。

第一,将进货明细数据和出口明细数据分别排列序号,确定同一批次进货或出口明细数据序号不重复。

第二,在进货明细数据与出口明细数据之间配比关联号,进行关联检查,确定同一批次进货和出口明细数据关联号不重复。

第三,进行数据的一致性检查。

(4) 生成正式申报报表电子数据,并打印签章。

第一,生成"出口货物退(免)税进货明细申报表"、"出口货物退(免)税出口明细申报表"电子数据。

第二,生成"出口货物退(免)税汇总申报表"电子数据。

第三,进行数据一致性检查。

第四,打印以上报表。

"出口货物退(免)税汇总申报表"由财务负责人签字,并且加盖企业财务专用章、法定代表人印章和企业公章;"出口货物退(免)税进货明细申报表"、"出口货物退(免)税出口明细申报表"的每联都应由企业经办人和财务负责人签章,并加盖公章。

上述报表应按顺序装订成册。"出口货物退(免)税汇总申报表"一式三份,其中一份装订在资料里;退税部门签批后留存一份,报地级市以上税务机关一份。

"出口货物退(免)税进货明细报表"、"出口货物退(免)税出口明细申报表"均为一份,装订在企业申报资料里。

(5) 导出正式申报电子数据。将申报数据导出到软盘或其他设备。

2) 外贸企业正式申报

外贸企业向退税部门按月进行一批次或多批次出口退(免)税正式申报,将申报的电子数据、装订成册的纸质凭证和报表送给退税管理部门,取得"接单登记回执"。

(1) 申报资料包括:

第一,从申报系统生成的正式申报电子数据。

第二,按顺序装订成册的"出口货物退(免)税汇总申报表"、"出口货物退(免)税进货明细申报表"和"出口货物退(免)税出口明细申报表"各一份。

第三,按顺序装订成册的纸质凭证。

(2) 申报方式包括:上门申报和远程申报。

6. 出口货物退税应同时具备的条件

(1) 必须是属于增值税、消费税征税范围的货物。

(2) 必须是报关离境的货物。

(3) 必须是财务上作销售处理的货物。

目前,我国只对贸易性质的出口货物予以退税,非贸易性质的出口货物,如向国外捐赠、在国外展出、不作对外销售的样品货物,个人在国内购买且国家允许自带离境的已征增值税、消费税的货物,不适用退税规定。因此,出口货物只有自己财务上作销售后,才能办理退税。

7. 出口货物报关单(出口退税专用)联的作用

出口货物报关单是经海关审查对出口货物放行离境的一种书面证明,是货物出口与否的基本证明,是划分货物出口销售和国内销售的重要依据。出口货物报关单一式四份,分别是海关作业联、企业留存联、出口收汇证明联和出口退税证明联。其中三份为白色单,一份为黄色单。海关签证后退回出口商两联——出口结汇联(白色)和退税证明联(黄色)。

企业申报退税时,必须提供黄色的并在右上角注明"出口退税专用"字样的单证。海关出具给企业的出口货物报关单(出口退税专用)编号,必须与出口货物报关单(统计联)的编号一致,并将编号打印在右上角,同时还应在报关单上加盖相关海关在税务机关备案的海关验讫章和海关人员印章或签字。

8. 申报出口退税时需提供的凭证

(1) 购进出口货物的增值税专用发票(抵扣联)。

(2) 盖有海关放行章的"出口货物报关单(出口退税联)"。

当申报出口退税计量单位与海关计量单位不一致时,需要同时附送货物装箱单。

此外,如果企业有委托代理出口业务的,还需要提供"代理出口货物证明",如果企业有进料加工复出口业务的,还需要提供"进料加工贸易申请表"及有关单证。

特别需要注意的是,外贸企业购进货物后,无论内销还是出口,须将所有取得的增值税专用发票在30天内向税务机关办理认证手续。凡未在规定的认证期限内办理认证手续的增值税专用发票,不予抵扣或退税。如为代理出口,还须附委托协议。

9. 商品代码在出口退税中的作用

商品代码是出口报关单(出口退税专用)的内容之一,出口企业申报出口货物的商品代码决定了该商品的退税税率,也是将同一关联号下不同进货加权平均的依据。

10. 了解出口换汇成本

出口换汇成本又称出口每美元成本,是指商品出口净收入每美元所需要的人民币总成本,即用多少人民币换回1美元。

计算公式如下:

出口换汇成本 = 出口商品总成本(人民币元) / 出口商品外汇净收入(美元)

式中,出口商品总成本包括进货(或生产)成本、国内费用(销售、管理、财务费用)及税金;出口商品外汇净收入(美元)是指扣除运费和保险费后的离岸价(FOB)。

外贸企业在出口贸易成交前,通常要用上述公式测算一下对外报价情况,以测算该笔业务的盈亏结果,如高于现行美元牌价,就要提高售价,否则出口后就会形成亏损。此外,由于我国现行出口退税机制下,对某些出口商品还不能全额退税,如增值税税率是17%,但退税率为13%,而不退税的4%部分就要加入上述出口商品总成本公式中。

11. 出口货物应退增值税的计算

外贸企业出口货物增值税的计算应依据购进出口货物增值税专用发票上所注明的进项金额和退税税率计算。实行出口退(免)税电子化管理后,外贸企业出口货物应退增值税的计算主要采用单票对应法。采用单票对应法,在一次申报的相同关联号的同一商品代码下应保持进货数量和出口数量完全一致,进货和出口数量均不结余。对一笔进货分批出口的,应到主管税务机关开具进货分批申报单。

$$\text{应退税额} = \text{外贸收购不含增值税购进金额} \times \text{退税税率} = \text{出口货物数量} \times \text{加权平均单价} \times \text{退税税率}$$

12. 增值税退税的稽征监管程序

1）认定

出口商应到所在地主管退税的税务机关办理出口货物退（免）税认定手续。

2）申报

出口企业应设置专职或兼职办理出口退税的人员。在货物报关出口并在税务上作销售核算后，应在申报期内，收齐退税所需的有关凭证，将有关数据录入"出口退税电子申报系统"，生成电子申报数据，并打印出"出口货物退（免）税申报表"，向主管退税机关申报办理退（免）税手续。

3）初审、受理及复审

出口商申报退税的，税务机关经初步审核，凡报送的资料、电子申报数据及纸质凭证齐全的，将受理该笔申报。如申报资料或纸质凭证不全的，税务机关将不予受理，并要当即向出口商提出改正、补充资料、凭证的要求。

税务机关受理后，应在规定时间内使用国家税务总局的电子化管理系统及出口退税率文库进行审核。先进行人工审核，然后进行计算机审核（如与海关、外汇局等联网核对）。如有不符合规定的，应通知出口商进行调整或重新申报；对在计算机审核中发现的疑点应进一步核查或向有关部门发函核实（如对货源、供货单位纳税等）。

4）批复、退库

退（免）税应经市、自治州以上税务机关根据审核结果进行审批。在审批后税务机关应办理退库或调库手续。

在上述程序中，企业要特别注意几个时间界限：

（1）资格认定——登记后 30 天内。

（2）专用发票认证——开发票后 30 天内。

（3）代理出口证明——报关后 60 天内申请税务局开具"代理货物出口证明"。

（4）退税申报——报关后 90 天内的第一个申报截止期（如每月 10 日前、15 日前）。

代理出口业务核算岗

一、训练目标

（1）了解代理出口业务流程。
（2）审核代理出口业务的有关原始单据，明确其表达的经济业务内容。
（3）根据审核无误的原始单据填制记账凭证。

二、代理出口核算岗岗位操作流程

（1）委托方受托方双方签订代理出口协议。
（2）受托方收到代理出口商品。代理出口业务与自营出口业务不同，不办理商品收购，因此不通过商品科目核算。代管商品的进出仓，应通过"代管商品"备查登记簿进行管理。
（3）签订出口合同。
（4）代办托运出口、投保、商检，支付境内、外费用。
（5）代办交单结汇（T/T方式或者信用证方式），收取代理出口手续费。
（6）出口退税的办理。由受托方到主管其退税的税务机关开具"代理出口货物证明"，交给委托方向所在地税务机关办理退税。

三、能力训练项目

训练项目一　代理出口业务全流程会计核算训练

◆ 背景资料

天津市宏达针织厂委托天津泰福进出口公司出口针织布1 000米，合同总金额为USD16 000（CIF），T/T方式结算，代理出口协议中规定代理费率为2%。交货日期为2013年5月。该笔业务采用"全额结汇法"，即结汇时由外贸企业（受托方）收取全部货款后，扣除其代垫费用和代理手续费后，将余款划拨国内委托方。该笔业务所涉及的外汇业务采用业务发生当日外汇汇率折算。

◆ 业务顺序

（1）2013年5月5日，委托单位宏达针织厂自行将商品运往天津新港交货（表外核算，无原始单据）。

(2) 5月8日,受托方泰福进出口有限公司代付该批出口商品国内费用。
原始单据:附件55 增值税专用发票
(委托方抬头 第二、第三联,我方为垫付,使用单据复印件下账,正本交委托方)
原始单据:附件56 电汇凭证
(3) 5月12日,泰福进出口有限公司购汇代付境外费用。
当日美元银行卖出汇率 USD1=￥6.096 1
原始单据:附件57 保险费发票
    附件58 增值税发票(二、三联,付美元)
    附件59 购汇申请书
    附件60 境内汇款申请书(运费)
    附件61 境内汇款申请书(保费)
(4) 5月20日,泰福进出口公司业务员将全套单证提交银行,办理交单手续。财务上确认收入,同时结转销售成本。
当日美元银行买入汇率 USD1=￥6.092 0
原始单据:附件62 出口发票
    附件63 代理出口手续费普通发票
(5) 5月28日,银行收妥结汇,扣除银行结汇手续费用 USD130,将款项划入我企业人民币账户,产生的汇兑损益由委托方宏达针织厂负担。
当日美元银行买入汇率 USD1=￥6.095 6
原始单据:附件64 浦发外汇会计凭证
    附件65 结汇申请书
    附件66 涉外收入申报单
(6) 5月29日,我公司与宏达针织厂清算代理货款。
原始单据:附件67 代理出口业务结算单(学生填)
    附件68 代理出口证明

◆ **训练要求**
(1) 根据业务顺序体会代理出口业务核算流程。
(2) 审核原始单据编制记账凭证。
(3) 登记应付账款明细分类账。

训练项目二　代理出口业务核算能力提升

本组案例由学生自行审核原始单据,不再提供业务背景。
原始单据:第1题附件69 出口发票
    第2题附件70 浦发外汇会计凭证

附件 71 结汇申请书
第 3 题附件 72 代理出口结算单
附件 73 代理出口证明（同实训一，省略）

◆ **训练要求**

(1) 根据所给单据简要描述业务背景。
(2) 审核原始单据，按顺序说明业务内容并编制 3 笔会计分录。

四、深度思考

根据训练项目思考以下问题：
(1) 代理出口销售收入的确认入账金额与自营出口业务是否相同？
(2) 代理出口业务外汇货款的结算方式有哪两种？
(3) 代理出口销售成本如何确定？
(4) 代理出口销售收入和销售成本的差额表示的含义是什么？
(5) 代理出口的国外、国内费用的核算与自营出口业务有何不同？
(6) 代理出口业务有哪两种方式？

五、拓展阅读

1. 代理出口业务外汇货款结算方式

一是异地结汇，即在受托方向银行交单时办妥有关手续，由银行收到外汇时，向代理出口业务的受托企业和委托单位分割结汇的方法。银行收到外汇后，扣除境外运费、保险费、佣金及代理手续费后，将外汇余额直接划拨委托方。

二是全额结汇，由受托方收取全部货款后，扣除各种代垫费用和代理手续费，将外汇余额划拨委托方（目前多用全额结汇法）。

2. 代理出口销售收入、销售成本的确定

代理出口销售收入，以出口发票所列应收货款的外币，扣除境外佣金，按交单日银行外汇买入价折合为人民币，作为确认入账的金额。

然后，按销售收入扣除代理手续费后的余额，作为代理出口销售成本。

代理出口销售收入减代理出口销售成本的差额，为代理出口的手续费收入。

3. 代理出口业务有两种方式

1) 视同买断方式

视同买断方式是指由委托方和受托方签订协议，委托方按协议价收取所代销商品的货款，实际售价（出口价）可由受托方自定，实际售价与协议价之间的差额归受托方所有的销售方式。受托单位销售的委托代销商品收入的实现及账务处理，与本企业商品对外销售收入的实现及账务处理相同。

2）收取手续费方式

收取手续费方式是指受托方根据所代销商品金额向委托方收取手续费的销售方式。在这种代销方式下，委托方应在受托方将商品销售后，并向委托方开具代销清单时，确认收入；受托方在商品销售后，按应收取的手续费确认收入。如果该代理业务是企业的主营业务，其手续费收入应计入"主营业务收入"，如果该代理业务不是企业的主营业务，其手续费收入应计入"其他业务收入"。

4. 跨境贸易的结算货币

人民币作为国际结算货币是在20世纪90年代与邻国的边境贸易中开始的。但是，作为有意识地走向国际化道路的正式一步，是2008年12月国务院决定对某些地区的对外货物贸易进行人民币结算试点；其后几经扩大试点范围，到了2011年就向全国推广了。

在人民币存在长期升值预期的情况下，对比而言，外国出口商比外国进口商更乐意采用贸易人民币结算。因为这样可以避免外汇风险，甚至保持人民币在手以待机获取升值利益。从而这一贸易人民币结算措施易于产生外汇不平衡的结果，反而会减少我国的外汇支付，推高美元外汇存量。

5. 清关手续

1）申报

对一批出口商品而言，申报时提交的单证如下：

（1）出口报关单一式三份。

（2）装货单及副本。

（3）商业发票一式两份。

（4）装箱单。

（5）出口许可证。

（6）合同。

（7）提单。

2）查验

查验是指海关工作人员开箱、抽样并核查货物，以确定是否与申报关单所报相符，也借以防止不法行动（如贩卖军火、毒品、走私等）。

3）征税

法规规定纳税义务人应交税。在查验后海关开出关税缴款书，纳税义务人必须在开出缴款书15天内将税款交到指定银行。如果逾期不交将每天罚取总税款0.05%的滞纳金。海关还代征进口增值税及消费税。

4）放行

在交税后，海关将在装货单或提单上加盖"放行"印章以示批准离去，然后进、出口方即可分别提货或装货。

作为关税的国际惯例,完税价格出口货物按出售货物的 FOB 价格计算;进口货物则按 CIF 价格计算。

自营进口业务核算岗

一、训练目标

（1）了解自营进口业务流程。
（2）正确计算进口商品采购成本。
（3）审核并填制自营进口业务原始单据进行会计核算。
（4）编制主要进口商品销售成本及盈亏表并进行简要分析。

二、自营进口核算岗岗位操作流程

（1）开立进口信用证，是履行进口合同的第一道程序。
（2）开立进口信用证后，应在信用证规定的交货期内敦促出口商及时备货装船。以 FOB 价成交的进口合同由进口方支付运费。
（3）以 FOB 价和 CFR 成交的合同，由进口方办理货运保险并支付保险费。
（4）在"单证相符、单单相符"的情况下，凭全套进口单证到银行办理进口付汇手续。
（5）企业收到银行转来的全套正本进口单据或根据出库通知单，与国内用户签订进口合同办理结算手续，结清进口货款。

三、能力训练项目

训练项目一　自营进口业务全流程会计核算训练

◆ **背景资料**

天津泰福进出口有限公司于 2013 年 2 月 25 日与新加坡 TYCO 机械有限公司签订合同，从新加坡 TYCO 机械有限公司进口检测仪 2 台。CFR 新加坡每台分别为 76A 型 USD22 135 和 84B 型 USD11 083.60，总货值 USD33 218.60。付款方式即期信用证，空运。进口设备销售给天津市海天科技开发公司，每台售价分别为 76A 型￥163 499.70，84B 型￥82 960.30，售价总额￥246 460（不含增值税）。

3 月 1 日汇率，USD1＝￥6.093 4。

◆ **业务顺序**

（1）3 月 2 日，开立进口信用证，信用证保证金比例为总货值的 20%。

原始单据:附件 74 特种转账借方传票
　　　　　附件 75 借记通知

(2) 3月10日,购汇支付进口检测仪保险费。

原始单据:附件 76 进口保险费单据
　　　　　附件 77 境内汇款申请书(人民币户支付,学生填)
　　　　　附件 78 购汇申请书(学生填)

(3) 3月15日,接到银行转来的全套进口单据,经审核无误,支付进口检测仪货款,除抵销信用证保证金以外,其余80%货款购汇予以支付。

原始单据:附件 79 进口发票
　　　　　附件 80 借记通知
　　　　　附件 81 借记通知(信用证保证金账号)

(4) 3月16日,进口检测仪报关,支付进口关税和进口增值税。

原始单据:附件 82 进口关税缴款书
　　　　　附件 83 进口增值税缴款书

(5) 3月17日,进口商品验收入库。

原始单据:附件 84 入库单附件
　　　　　附件 85 自营进口结算单(学生填)

(6) 3月18日,支付进口接货费用(港杂费等)。

原始单据:附件 86 增值税专用发票(二、三联)
　　　　　附件 87 电汇凭证(学生填)

(7) 3月25日,与海天科技开发公司签订销售合同销售检测仪,采用出库结算方式。

原始单据:附件 88 增值税专用发票(第一联)(学生填)
　　　　　附件 89 出库单

(8) 3月31日,计提各项应交税金,按进项税与销项税的差额计提应缴的增值税及其附税。

原始单据:附件 90 未交增值税结转表
　　　　　附件 91 增值税附税计算单

(9) 4月8日,收到银行电子缴税凭证,缴纳各项税费。

原始单据:附件 92、附件 93 银行电子缴税凭证

◆ 训练要求

(1) 根据资料填制有关原始单据。
(2) 审核原始单据编制记账凭证。
(3) 登记"在途物资"明细账并结账(数量金额式)。

(4) 根据本实训项目数据,编制"主要进口商品销售成本及盈亏表"并进行简要分析。

训练项目二　自营进口业务核算能力提升

第1题:附件94 进口发票
　　　　附件95 境外汇款申请书
　　　　附件96 购汇申请书
第2题:附件97 天津增值税专用发票(第一联)
第3题:附件98 进口关税缴款书
　　　　附件99 进口增值税缴款书
第4题:附件100 出库单
　　　　附件101 自营进口结算发票(学生填)

◆ 训练要求
(1) 根据单据资料,说明业务背景。
(2) 说明该案例对内销售采用的结算方式。
(3) 审核原始单据,说明表述的经济业务内容并编制会计分录。

四、深度思考

(1) 应该如何审核自营进口业务中"海关专用缴款书",其中进口关税完税价格和进口增值税完税价格是如何计算的?
(2) 如何审核进口发票?
(3) 进口关税和进口增值税在会计处理上有何区别吗?
(4) 本题成交价格是CFR,我方应该承担的贸易从属费用有哪些?FOB、CIF价格条件下进口方应该承担的贸易从属费用又有哪些?
(5) 本案例中以外币支付的费用和以人民币支付的费用在会计核算上有何区别?
(6) 入库单上的进口商品成本都包括哪些内容?
(7) 本案例中对国内销售采用的结算方式是什么?对内销售还有什么结算方式?各种结算方式在会计处理上有何区别?
(8) 自营进口业务中佣金的核算和自营出口业务中佣金的核算有何区别?

五、拓展阅读

1. 国境与关境的区别

关税是海关对入境的货物以及物品征收的一种间接税。这里所谓"境",是指关境,即海关境界或一国关税管辖的领域。关境不一定就是国境。因为各国多设有自由贸易区或保税区、出口加工区等。这些区都设在国境之内关境之外,在两者之间设有铁丝网,在通道口设立海关,如上海的外高桥保税区、深圳的沙头角保税区。乃至香港、澳门都在国境之内、关境之外,构成一个特别关税区。

2. 进口商品征收关税的原因

关税是一种全世界普遍向进口货物征收的税种,但很少对出口货征收。征收关税的目的有两个:取得财政收入和贸易保护。收入性关税时常运用于本国不生产的产品,而且税率一般较温和,仅仅是为了对政府预算提供财政资源;反之,保护性关税则是设计用来保护本国生产者的,而且税率通常都高到足以禁止外国产品进口,或是能使外国生产者处于一种不利于在本国国内市场销售的地步。世上出现过各国互相筑起关税壁垒,以至于造成全世界贸易严重萎缩的局面。所以,《关贸总协定》和世界贸易组织先后提倡降低成员国间的关税以推行自由贸易原则,关贸总协定几乎每一轮会议都通过决议要降低关税。今天在发达国家间的最惠国待遇税率在5%上下,而发展中国家则在13%上下。今天在欧洲15国之间早已取消了关税,我国也局部实现了零关税。

3. 影响关税水平的因素

1) 最惠国待遇国

最惠国待遇国成员国间互相对进口货物征收最低关税。很多国家一般都订有两个或多个关税税率水平:一种是最低的税率用于最惠国的货物,另一种则称为"普通或基本"税率,它一般都高于最惠国税率。从2001年11月起中国加入了世界贸易组织,最惠国地位已经建立,总平均税率也已从远高于发展中国家的水平逐步下降到10%以下。最惠国待遇在美国现已改称"正常贸易待遇"。因为目前有近200个国家和地区参加世界贸易组织,都享受此待遇,已不能算是特别优待。

2) 普通优惠制

普通优惠制(Generalized System of Preference, GSP)是指发达国家在进口不发达国家所生产的产品及半成品时,单方面给予进口关税优惠待遇。

GSP有三个突出特点:

(1) 普遍性,一切来自不发达国家的产品及半成品都普遍给予优惠。

(2) 非歧视性,一切发展中国家和地区毫无例外地可以享受这一优惠待遇。

(3) 非对等优惠性,只有工业发达国家对不发达国家提供优惠,而不要求其给予回报。目前有30个国家提供GSP待遇(对我国有27个国家),如欧盟各国、日本、澳大利亚、新西兰、加拿大、美国、波兰、奥地利、芬兰和瑞士等。目前,欧盟已开始对我国产品减少乃至停止GSP待遇。

GSP税率比最惠国税率还要低,它是世界贸易中最低的关税。

4. 进口业务流程

进口业务流程包括：

（1）进口交易洽商。

（2）签订进口合同。

（3）履行进口合同。

（4）内销和结算。

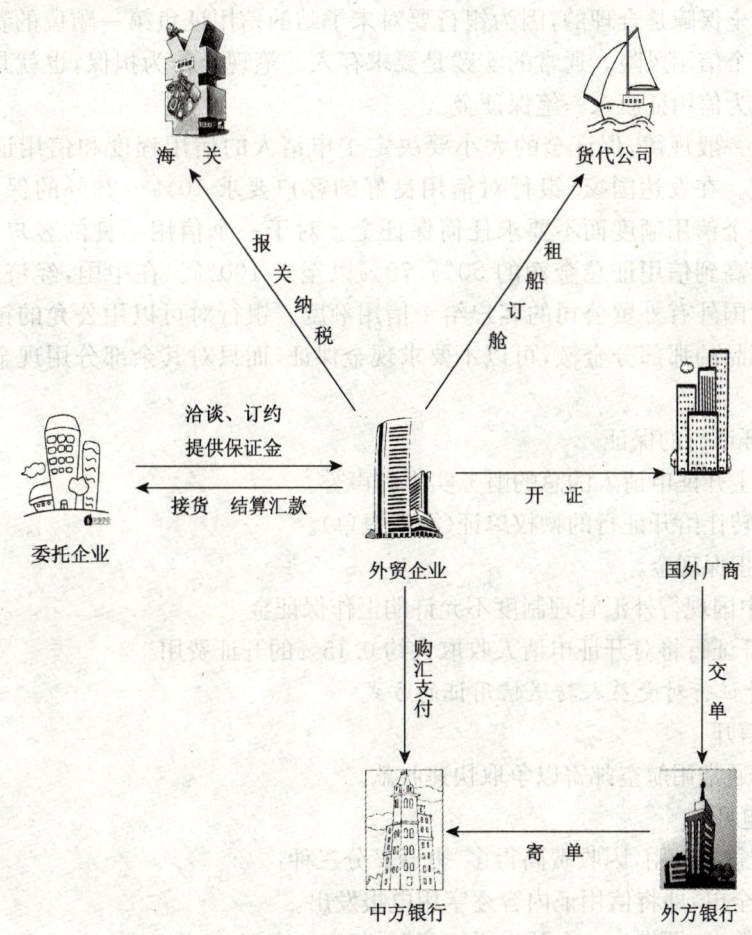

图 7-1　进口业务流程简图

5. 进口核算岗工作内容

（1）收到合同副本后，检查合同内容项目是否符合财务上的规定。

（2）收到银行转来发货单证后进行审单，在规定期限内办理付款赎单或承兑汇票手续。

(3) 严格执行企业内部付款审批等有关规定。

(4) 对进口关税、增值税及消费税严格审查，按合同规定与国内委托单位及时办理货款结算手续。

6. 银行开立信用证要收取信用证保证金

1) 保证金

对开证行来说，除了单纯依靠信用证名下的商品（这是一项担保品）外，再要求更多的安全保障是合理的，因为银行要对未了结的信用证负第一顺位的责任。它面临着一个信用风险。通常的实践是要求存入一笔现金作为担保，也就是申请人必须预先为信用证压入一笔保证金。

作为一般规律，保证金的大小要决定于申请人的信用程度和信用证名下商品的性质。在发达国家，银行对信用良好的客户要求 10%～20% 的保证金，甚至给予一个信用额度而不要求任何保证金。对于一个信用不良的客户，这一保证金可能高到信用证总金额的 50%、70% 以至于 100%。在中国，经济改革前，银行只对国外有外贸公司的客户给予信用额度。银行对可以用公允的销售价格出售的商品的那部分金额，可以不要求现金保证，而只对其余部分用现金保证来防护。

2) 开证行的保证

(1) 主开证申请人的总的财务实力和声誉。

(2) 转让给开证行的物权单证（海运提单）。

(3) 担保现金。

3) 中国现行外汇管理制度不允许购汇作保证金

4) 开证行将对开证申请人收取大约 0.15% 的开证费用

7. 开证行对受益人转送信用证的方式

1) 信开

信开通常用航空邮寄以争取快速收款。

2) 电开

当有急需时用，因收费高得多，电开又分三种：

(1) 全电，即将信用证内容逐字用电报发出。

(2) 简电，即作为一个预先通知，随后邮寄证实书。

(3) 电传、传真、银行专用电讯（SWIFT），即信用证在当前更多地在银行间运用不同的电子通讯设备来传递。

8. 进口押汇

进口押汇（Advance Against Inward Documentary Bills，简称 AB）是开证申请人不能及时对开证行付款赎单时，开证行所作的垫付款。开证时，进口商申请银行开证时只付小部分保证金,当单证到达开证行时,开证行审单相符后已对外支付全部货款。此时,如进口商无款赎单甚或较长时间无款赎单,那就占用了银行的资金,转化成了贷款。由于这时银行手中掌握着货单,因此,这笔垫款也是以货物的物权作为抵押的,这就成为"进口押汇"。

开证申请人要承担进口押汇的利息。其本金应按扣除开证时交付的保证金后的差额计算,起息日应为开证行垫付日,利率与出口押汇的情况相同。

当开证行对外垫付时,企业已经成立负债,故应及时确认。开证行在接到国外付款或议付银行寄来保单(借项通知单)及全套单证时要先做审单然后缮打进口单证到达通知单(Import Documents Arrival Notice),送达进口方,除其中一联供进口方签章后退还银行以领取单证外,进口方即应据以作成"借:××采购,贷:短期借款"的会计分录。至还清押汇款时,再作还贷付息的会计分录。这样,可使进口押汇的负债及时在报表上有所反应。因为,押汇款的拖欠常会跨越会计报告期。

9. 征收进口环节增值税和消费税应该具备的条件

我国对进口产品征收增值税和消费税,由国家税务总局委托海关在进口环节代征。进口增值税和消费税应在货物实际进境时,即在纳税人按进出口货物通关规定向海关申报后,海关放行前一次性缴纳。其纳税环节为报关进口时,纳税地点为报关进口地海关。

征收进口环节增值税和消费税的产品,一般必须具备两个条件:一是属于增值税和消费税税目、税率表所规定的征收范围;二是必须已报关进口。只要是报关进口的应税产品,不论是国外产品还是我国已出口转销国内的产品,不论是进口者自行采购还是国外赠送的产品,不论是进口者自用还是作为贸易或其他用途的产品,纳税人在进口产品缴纳关税的同时,均应按照我国税法规定缴纳应税产品的进口环节增值税和消费税。进口增值税和消费税的税目、税率及会计处理均与国内增值税和消费税相同。

代理进口业务核算岗

一、训练目标

（1）了解代理进口业务流程。
（2）审核代理进口业务的有关原始单据，明确其表达的经济业务内容。
（3）根据审核无误的原始单据填制记账凭证。

二、代理进口核算岗岗位操作流程

T/T 付款方式下的工作流程：

（1）与国内委托单位签订代理进口协议，于协议生效后收到委托单位的预付定金。
（2）收到定金后与国外签订进口合同并敦促出口商开始履行合同。
（3）接到银行通知全套进口单据到达并审核无误，采用 T/T 方式付款。
（4）报关、报检、接货、纳税。
（5）与国内委托单位办理货款结算手续。

三、能力训练项目

训练项目一　代理进口业务全流程会计核算训练

◆ 背景资料

2013 年 2 月 22 日，天津泰福进出口有限公司接受天津市中山纸业有限公司委托从美国代理进口白板纸 216.8 吨，每吨 CFR 天津新港 USD499.98，共计货值 USD108 395.66，付款方式 T/T，代理费率 1.5%。该笔业务采用 2 月 1 日汇率折算，中间价 USD1＝¥6.231 4。

◆ 业务顺序

（1）2 月 25 日，收到中山纸业有限公司预付货款。
原始单据：附件 102 浦发银行进账单
（2）2 月 26 日，由我公司购汇代为支付进口保险费。
原始单据：附件 103 保险费单据

附件 104 境内汇款申请书(人民币户)
附件 105 购汇申请书

(3) 2月28日,接银行通知进口单据到达,经审核无误,购汇 USD108 395.66 对外支付货款及银行电汇费用。

原始单据:附件 106 浦发银行收费回单
附件 107 境外汇款申请书(人民币户)
附件 108 购汇申请书

(4) 3月7日,进口报关接货,垫付进口关税￥27 058.15,进口增值税￥119 597.02。

原始单据:附件 109 进口关税缴款书
附件 110 进口增值税缴款书

(5) 3月12日,开出代理进口结算单,向中山纸业有限公司办理货款结算,并收取代理手续费。

原始单据:附件 111 代理进口发票
附件 112 外贸企业代理进口手续费普通发票
附件 113 代理进口结算单(学生填)

(6) 3月18日,收到中山纸业有限公司汇来款项(清算代理余款)。

原始单据:附件 114 进账单

◆ 训练要求

(1) 根据业务顺序体会代理进口业务核算流程。
(2) 审核原始单据编制记账凭证。
(3) 根据进口关税缴款书和进口增值税缴款书的数字说明进口关税、进口增值税的计算。
(4) 说明代理进口手续费的计算及在会计处理中是如何反映的。
(5) 核算代理进口业务中的银行费用。
(6) 登记"应收账款——中山纸业"明细分类账。
(7) 填写代理进口结算单,说明代理进口业务对内销售采用的结算方式。
(8) 说明与委托单位结算余款,如果应该退回多收款项,采用何种原始单据。

训练项目二 代理进口业务核算能力提升

第1题附件 115 代理进口协议
第2题附件 116 代理进口发票
第3题附件 117 进口关税专用缴款书
第4题附件 118 进口增值税专用缴款书

◆ **训练要求**

(1) 审核代理进口发票说明付款条件及价格条件,在该价格条件下进口方(泰福进出口公司)是否需要负担运费和保险费?

(2) 根据进口关税缴款书和进口增值税缴款书说明其中完税价格的计算。

(3) 泰福公司的代理进口手续费应如何计算?

(4) 按照以下步骤作出会计处理,并标明每一笔会计分录所需原始单据名称。

1月31日,预收锐驰商贸公司货款。

2月4日,以T/T方式预付美国客户货款。

2月6日,收到银行转来的进口单据对外付款(剩余50%货款),同时对内销售,确认销售收入。

四、深度思考

(1) 结合实训项目,比较代理进口业务在支付国外运费、保险费,支付进口关税、增值税,支付银行手续费上与自营进口业务的区别。

(2) 说明采用信用证方式结算的代理进口业务,对国外付款的原始单据的变化。

(3) 比较代理进口业务和代理出口业务在代理手续费的会计处理上的异同。

五、拓展阅读

1. 代理进口手续费收入处理方法

代理进口手续费收入处理方法有两种:一是,只确认代理手续费收入,并将手续费收入记入"代购代销收入"账户;二是,全额记入收入、成本账户,代理手续费收入通过两者差额反映。

2. 反倾销税的含义

反倾销税,即用关税税率来保护本国企业不受外国生产者的"倾倒性"销售的影响。所谓倾倒性,是指把一国的剩余货物用一个低于成本的价格倾卸到他国市场上的行为。倾销的理由推想如下:

(1) 外国出口企业可能运用倾销来逐出进口国内的竞争者,然后在获得垄断地位后,抬高价格以冲销原来在倾销中的损失。

(2) 倾销者在本国国内垄断市场上使用高价格,而在取得规模经济的情况下,把剩余产量用低价卸到其他国家。

进口国家采取的对策可以是对这种货物征收额外的反倾销关税。反倾销税的多少是一个有弹性的金额,它基本上等于低价格和其成本的差额。这样,倾销企业就不能获得任何好处。但是,反倾销事实上已被滥用而成为阻挡他国产品进口的一种保护主义措施。我国近年来屡屡受到欧美乃至一些小国的反倾销控诉。

3. 一国或多国的自由贸易区和自由贸易协定的含义

许多国家在其国境内建立起一个特殊的区域,在那里并不对国外运进或运出的货物征收关税,如我国香港在英国统治时期就已是一个自由港。此外,欧盟北美自由贸易协定(美国和加拿大),东盟及北美自由贸易区(美、加及墨西哥)就是对参加国之间贸易的一切货物都废除关税的一些例子。近年不断有新发展,如我国内地对港、澳地区实施了《建立更紧密贸易联系的安排》(CEPA)。

实训项目原始单据附件

外币业务核算岗实训单据

附件1

上海浦东发展银行 外汇会计凭证

如业务编号相同属重复打印，仅一份有效。

网点号：7701		日期：20131104		凭证号：	
业务编号	IR7701130006013	业务类型	跨境汇入汇款	起息日	
借方或付款单位	名　称		贷方或收款单位	名　称	天津泰福进出口有限公司
	账　号			账　号	77011457410000290
	币别与金额			币别与金额	USD70 801.00
	汇率/利率			汇率/利率	

交易描述：
报文类型：MT103　　　　　　　　　　　报文编号：IM9966130123078
国际收支号：101010
付款信息：　　　　　　　　　　70：
32：131028 USD70801.00
50：/OSA11443631479104
　　GREATAI INTERNATIONAL LIMITED
　　ROOMJBJ678 TREND CENTRE29-31 CHEUNG　71A:SHA
　　LEE STREET CHAI WAN HK　　　　　　71: F or G
　　　　　　　　　　　　　　　　　　　72:
52:

（业务核算章 2013.11.04）

打印次数：　业务流水：110535670017　会计：11024328　复核：11053567　记账：

第二联 回单联

附件2

外币支付凭证

2013年11月4日　　　　　　　　　　　WZ 1599980

付款人	全　称	天津泰福进出口有限公司	收款人	全　称	天津泰福进出口有限公司
	账　号	77011457410000290		账　号	77013468810000204
	开户银行	浦发银行天津分行		开户银行	浦发银行天津分行

币种及大写金额	美元柒万零捌佰零壹元整	亿	千	百	十万	千	百	十	元	角	分
		U	S	D	7	0	8	0	1	0	0

摘　要：□结汇　□套汇　□划转　□支取现金

注：本凭证自签发之日起，有效期10天。

复核：　　经办：　　验印：　　　　银行签章

上面盖章三个：银行章、公司财务章、企业法人章

第二联 付款人回单

附件 3

上海浦东发展银行　**涉 外 收 入 申 报 单**
REPORTING FORM FOR RECEIPTS FROM ABROAD

根据《国际收支统计申报办法》(1995年8月30日经国务院批准)，特制发本申报表
This reporting form is distributed according to the Regulations on Reporting of Balance of Payments statistics (Approved by The State council on august.30.1995)

国家外汇管理局和有关银行将为您的具体申报内容保密
The State Admission of Foreign Exchange (The SAFE) and The Banks Concerned Would Keep What you Reported Confidential

请按填报说明（见第二联背面）填写。　　　　　　　　　制表机关：国家外汇管理局
Please Report According to The instructions Overleaf　　　　Authority: The SAFE

申报号码 Bop Report No.	125555　001002　131104　0022		
收款人名称 Payee	天津泰福进出口有限公司		
☑ 对公 Unit	组织机构代码 Unit Code	70430610 — 4	
□ 对私 Individual	个人身份证号码 ID Number		
	□ 中国居民个人 Residual Individual　□ 中国非居民个人 Non-Residual Individual		
结算方式 Payment Method	□ 信用证 L/C　□ 托收 Collection　□ 保函 L/G　☑ 电汇 T/T　□ 票汇 D/D　□ 信汇 M/T　□ 其他 Others		
收入款币种及金额 Currency & Amount of Receipts	USD70 801	结汇汇率 Exchange Rate	6.142 5
其中 of Which	结汇金额 Amount of Sale		账号/银行卡号 Account No/Credit Card No.	
	现汇金额 Amount in FX	USD70 801	账号/银行卡号 Account No/Credit Card No.	77013468810000204
	其他金额 Amount of Others		账号/银行卡号 Account No/Credit Card No.	
国内银行扣费币种及金额 Bank's Charges inside China		国外银行扣费币种及金额 Bank's Charges outside China	
付款人名称 Payer	GREATAI INTERNATIONAL LIMITED		
付款人常驻国家（地区）名称及代码 Country/Region of Payer & Code	香港　□□□	申报日期 Rep Date	2013 11 04
如果本笔款为预收货款或退款，请选择 If Advance Receipts or Refund Please Choose	□ 预收货款 Advance Receipts	□ 退款 Refund	
本笔款项是否为保税货物项下收入	□ 是	☑ 否	
外汇局批件号/备案表号/业务编号			
收入类型	□ 福费廷　□ 出口保理　□ 出口押汇　□ 出口贴现　□ 其他		
交易编码 BOPT Code	101010　101010	相应币种及金额 Currensy&Amount　USD70 801	交易附言 Transac.Remark　一般贸易收入
填报人签名 Signature or Stamp and Reporter		填报人电话 Phone No. of Reporter	

收款人章　　　银行经办人签章　　　时间　　　银行业务编号 00418

第二联 申报主体留存联

附件4

SPD BANK

致：上海浦东发展银行
TO: SHANGHAI PUDONG DEVELOPMENT BANK

境外汇款申请书
APPLICATION FOR FUNDS TRANSFERS (OVERSEAS)

日期 Date 2013 11 07

	☑电汇 T/T ☐票汇 D/D ☐信汇 M/T	发电等级 Priority ☐普通 Normal ☐加急 Urgent
申报号码 BOP Reporting No. 20	120000 2011 62 470 04 2395	
银行业务编号 Bank Transac. Ref. No.	PA186437	收电行/付款行 Receiver / Drawn on
32A 汇款币种及金额 Currency & Interbank Settlement Amount		金额大写 Amount in Words
其中 现汇金额 Amount in FX		账号 Account No./Credit Card No.
购汇金额 Amount of Purchase		账号 Account No./Credit Card No.
其他金额 Amount of Others		账号 Account No./Credit Card No.
50a 汇款人名称及地址 Remitter's Name & Address		
☐对公 组织机构代码 Unit Code	☐对私	个人身份证件号码 Individual ID NO. ☐中国居民个人 Resident Individual ☐中国非居民个人 Non-Resident Individual
54/56a 收款银行之代理行 名称及地址 Correspondent of Beneficiary's Bank Name & Address		
57a 收款人开户银行名称及地址 Beneficiary's Bank Name & Address	收款人开户银行在其代理行账号 Bene's Bank A/C No.	SWIFT CODE: CITIBANK (USA) 160 EAST MAIN STREET ALHAMBRA, NEWYORK USA
59a 收款人名称及地址 Beneficiary's Name & Address	收款人账号 Bene's A/C No. 01808-25570	JACK RICHESON & COMPANY, INC.USA NO.78 ROCHESTER RD BENLINE, NEWYORK USA
70 汇款附言 Remittance Information	只限140个字位 Not Exceeding 140 Characters	71A 国内外费用承担 All Bank's Charges If Any Are To Be Borne By ☐汇款人 OUR ☐收款人 BEN ☐共同 SHA
收款人常驻国家（地区）名称及代码 Resident Country/Region Name & Code		美国 840
请选择：☐预付货款 Advance Payment ☐货到付款 Payment Against Delivery ☐退款 Refund ☐其他 Others		最迟装运日期
交易编码 BOP Transac. Code 101010 ☐☐☐☐☐☐	相应币种及金额 Currency & Amount	交易附言 Transac. Remark 货款
是否为进口核销项下付款	☐是 ☐否 合同号	发票号 AAL54575-2013BX
外汇局批件号 / 备案表号 / 业务编号		

银行专用栏 For Bank Use Only		申请人签章 Applicant's Signature	银行签章 Bank's Signature
购汇汇率 @ Rate		请按贵行背页所列条款代办以上汇款并进行申报 Please Effect The Upwards Remittance, Subject To The Conditions Overleaf:	
等值人民币 RMB Equivalent			
手续费 Commission			
电报费 Cable Charges			
合计 Total Charges		申请人姓名 Name of Applicant	核准人签字 Authorized Person
支付费用方式 In Payment of the Remittance	☐现金 by Cash ☐支票 by Check ☐账户 from Account	电话 Phone No.	日期 Date
核印 Sig. Ver.		经办 Maker	复核 Checker

填写前请仔细阅读各联背面条款及填报说明
Please read the conditions and instructions overleaf before filling in this application

附件 5

SPD BANK 浦发银行 　**上海浦东发展银行** 外汇会计凭证　　如业务编号相同属重复
打印，仅一份有效。

网点号：7701　　　日期：20131114　　　凭证号：

业务编号	IR7701130006013	业务类型	跨境汇入汇款	起息日	
借方或付款单位	名称		贷方或收款单位	名称	天津泰福进出口有限公司
	账号			账号	77011457410000290
	币别与金额			币别与金额	USD3,478.00
	汇率/利率			汇率/利率	

交易描述：
报文类型：MT103　　　　　　　　　　报文编号：IM9901131294438
国际收支编号：101010
付款信息：　　　　　　　　　70：RFB 167540R1300902
32：130808 USD3478,00
50：/1390510
　　YANGJI E AND C CO.,LTD　　71A：SHA
　　SAN 7-1 MUJINAE DONG SHIHEUNG SI　71F or G：
　　KYUNGGI DO KOREA　　　　72：
52：IBKOKRSEXXX

打印次数：　业务流水：110202690071　会计：11047665　复核：11020269　记账：

（盖章：上海浦东发展银行天津分行营业厅 业务核算章 2013.11.14）

第二联 回单联

附件 6

SPD BANK 浦发银行　　**外币支付凭证**

年　月　日　　　　　　　　　WZ 1599980

付款人	全称		收款人	全称	
	账号			账号	
	开户银行			开户银行	

币种及大写金额		亿	千	百	十	万	千	百	十	元	角	分

摘要：□结汇　□套汇　□划转　□支取现金

银行签章

注：本凭证自签发之日起，有效期10天。
复核：　　经办：　　验印：

上面盖章三个：银行章、公司财务章、企业法人章

第二联 付款人回单

附件7

上海浦东发展银行　　涉 外 收 入 申 报 单
REPORTING FORM FOR RECEIPTS FROM ABROAD

根据《国际收支统计申报办法》（1995年8月30日经国务院批准），特制发本申报表
This reporting form is distributed according to the Regulations on Reporting of Balance of Payments statistics (Approved by The State council on august.30.1995)
国家外汇管理局和有关银行将为您的具体申报内容保密
The State Admission of Foreign Exchange (The SAFE) and The Banks Concerned Would Keep What you Reported Confidential

请按填报说明（见第二联背面）填写。　　　　　　　制表机关：国家外汇管理局
Please Report According to The instructions Overleaf　　Authority: The SAFE

申报号码 Bop Report No.	12555 0 001002 131114 0022		
收款人名称 Payee	天津泰福进出口有限公司		
☑ 对 公 Unit	组织机构代码 Unit Code	74030610 — 4	
☐ 对 私 Individual	个人身份证号码 ID Number		
	☐ 中国居民个人 Residual Individual　☐ 中国非居民个人 Non-Residual Individual		
结算方式 Payment Method	☐ 信用证 L/C　☐ 托收 Collection　☐ 保函 L/G　☑ 电汇 T/T　☐ 票汇 D/D　☐ 信汇 M/D　☐ 其他 Others		
收入款币种及金额 Currency & Amount of Receipts	USD3 478	结汇汇率 Exchange Rate	6.0801
其中of Which	结汇金额 Amount of Sale		账号/银行卡号 Account No/Credit Card No.	
	现汇金额 Amount in FX	USD3 478	账号/银行卡号 Account No/Credit Card No.	77013468810000204
	其他金额 Amount of Others		账号/银行卡号 Account No/Credit Card No.	
国内银行扣费币种及金额 Bank's Charges inside China		国外银行扣费币种及金额 Bank's Charges outside China	
付款人名称 Payer	YANGJI E AND C CO., LTD		
付款人常驻国家（地区）名称及代码 Country/Region of Payer & Code	韩国　KOR	申报日期 Rep Date	2013 11 14
如果本笔款为预收货款或退款，请选择 If Advance Receipts or Refund Please Choose	☑ 预收货款 Advance Receipts	☐ 退款 Refund	
本笔款项是否为保税货物项下收入	☐ 是	☑ 否	
外汇局批件号 / 备案表号 / 业务编号			
收入类型	☐ 福费廷　☐ 出口保理　☐ 出口押汇　☐ 出口贴现　☐ 其他		
交易编号 BOPT Code	101010 101010	相应币种及金额 Currensy&Amount	USD3 478	交易附言 Transac.Remark	一般贸易收入
填报人签章 Signature or Stamp and Reporter		填报人电话 Phone No. of Reporter	

收款人章　　　银行经办人签章　　　时间　　　银行业务编号 00418

第二联 申报主体留存联

附件8

上海浦东发展银行 外汇会计凭证 浦发银行 SPD BANK

如业务编号相同属重复打印,仅一份有效。

网点号:7701　　日期:20131115　　凭证号:

业务编号	IR7701130006868	业务类型	跨境汇入汇款	起息日	
借方或付款单位	名称		贷方或收款单位	名称	天津泰福进出口有限公司
	账号			账号	77011457410000290
	币别与金额			币别与金额	USD4 163.11
	汇率/利率			汇率/利率	

交易描述:
报文类型:MT103　　　　　　　　　　　报文编号:IM9901131891028
国际收支编号:101010
付款信息:　　　　　　　　　　　70:
32:131112 USD4 163.11
50:/HKZ00635300
　　ORIENT KING INDUSTRIES LIMITED
　　NO. 43 JUNG AN ST. CHIENCHIN DIST. K　71A:SHA
　　AOHSIUNG CITY TAIWAN　　　　　　　71F or G:
　　　　　　　　　　　　　　　　　　　72:
52:ICBCTWTP025

（上海浦东发展银行天津分行营业厅 业务核算章 2013.11.15）

打印次数:　业务流水:11088410105　会计:11047665　复核:11018841　记账:

第二联 回单联

附件9

上海浦东发展银行
结汇申请书

日期： 年 月 日

客户填写	申报号码	□□□□□□ □□□□ □□ □□□□□□ □□□□				
	银行业务编号					
	申请人姓名					
	外汇账户账号					
	账户性质	□结算账户 □资本金账户 □外债专用账户 □其他				
	企业性质	□中资企业 □外资企业 □其他（具体列明_____）		是否注册特殊经济区域 □是 □否		
	结汇币种及金额					
	结汇金额大写					
	□对公 组织机构代码□□□□□□□□-□		□对私	个人身份证件号码 □中国居民个人 □中国非居民个人		
	人民币资金去向	□入本行人民币账户	账 号			
			收款人名称			
		□汇出汇款	收款人账号			
			收款人开户行名称			
		□其他				
	结汇资金来源	□外汇账户 □汇入汇款 交易编码 □□□□□□				
	外汇局批件号/备案表号/业务编号					
	结汇用途	□001 支付货款 □002 支付工程款 □003 支付保证金 □004 支付咨询费 □005 支付其他服务费用 □006 预付款 □007 支付税款 □008 支付工资等劳务报酬 □009 土地出让金 □010 购房 □011 购买其他固定资产 □012 股权出资 □013 偿还银行贷款 □014 购买股票/债券/基金/信托等境内金融资产 □016 支付投资人境外证券投资本金/收益 □017 利息结汇 □018 备用金 □019 现钞 □099 其他				
	结汇详细用途					

申请人说明
1. 本公司（人）向贵公司申请结汇，请审核相关资料、办理申报、按照业务处理时的即期汇率办理结汇，并授权贵行主动扣划本公司（人）外汇账户。
2. 本结汇申请书自签发日起，有效期为十天。
3. 结汇申请书日期、结汇币种、结汇金额经涂改，或结汇大小写金额不一致，申请书无效。
4. 本公司（人）同意办理上述货币与金额的兑换业务，并承诺交易完成后不予撤销。
5. 本公司（人）保证所提供资料的真实性，并承担由此产生的一切后果及法律责任。

银行专用栏		申请人签章	银行签章
成交日期			
成交汇率		申请人姓名	核准人签字
等值人民币金额		电话	日期
核 印：		经 办	复 核

填写前请仔细阅读背面填报说明

第二联 客户回单联

附件 10

上海浦东发展银行

涉外收入申报单
REPORTING FORM FOR RECEIPTS FROM ABROAD

根据《国际收支统计申报办法》(1995 年 8 月 30 日经国务院批准),特制发本申报表
This reporting form is distributed according to the Regulations on Reporting of Balance of Payments statistics (Approved by The State council on august.30.1995)

国家外汇管理局和有关银行将为您的具体申报内容保密
The State Admission of Foreign Exchange (The SAFE) and The Banks Concerned Would Keep What you Reported Confidential

请按填报说明(见第二联背面)填写。
Please Report According to The instructions Overleaf

制表机关:国家外汇管理局
Authority: The SAFE

申报号码 Bop Report No.	12555 001002 131115 0022		
收款人名称 Payee	天津泰福进出口有限公司		
☑ 对 公 Unit	组织机构代码 Unit Code	74030610-4	
☐ 对 私 Individual	个人身份证号码 ID Number		
	☐ 中国居民个人 Residual Individual ☐ 中国非居民个人 Non-Residual Individual		
结算方式 Payment Method	☐信用证 L/C ☐托收 Collection ☐保函 L/G ☑电汇 T/T ☐票汇 D/D ☐信汇 M/D ☐其他 Others		
收入款币种及金额 Currency & Amount of Receipts	USD4 163.11	结汇汇率 Exchange Rate	6.133 6
其中 of Which	结汇金额 Amount of Sale	USD4 163.11	账号/银行卡号 Account No/Credit Card No.	77024655310000701
	现汇金额 Amount in FX		账号/银行卡号 Account No/Credit Card No.	
	其他金额 Amount of Others		账号/银行卡号 Account No/Credit Card No.	
国内银行扣费币种及金额 Bank's Charges inside China		国外银行扣费币种及金额 Bank's Charges outside China	
付款人名称 Payer	ORIENT KING INDUSTRIES LIMITED		
付款人常驻国家(地区)名称及代码 Country/Region of Payer & Code	台湾 ☐☐☐	申报日期 Rep Date	2013 11 15
如果本笔款为预收货款或退款,请选择 If Advance Receipts or Refund Please Choose	☐ 预收货款 Advance Receipts	☐ 退款 Refund	
本笔款项是否为保税货物项下收入	☐ 是	☑ 否	
外汇局批件号/备案表号/业务编号			
收入类型	☐福费廷 ☐出口保理 ☐出口押汇 ☐出口贴现 ☐其他		
交易编码 BOPT Code	101010 101010	相应币种及金额 Currensy & Amount	USD4 163.11	交易附言 Transac.Remark	一般贸易收入
填报人签章 Signature or Stamp and Reporter		填报人电话 Phone No. of Reporter	
收款人章	银行经办人签章	时间	银行业务编号 00418

第二联 申报主体留存联

附件 11

浦发银行 SPD BANK
上海浦东发展银行
购汇申请书

日期： 年 月 日

	申报号码	□□□□□□ □□□□ □□ □□□□□□ □□□□
	银行业务编号	

客户填写	申请人名称				
	人民币账户账号				
	购汇币种及金额				
	购汇金额大写				
	□对公 组织机构代码□□□□□□□-□		□对私	个人身份证件号码	
				□中国居民个人 □中国非居民个人	
	购汇资金去向	□入本行人民币账户	账 号		
		□汇出汇款			
		□其他			
	交易编码	□□□□□□			
	外汇局批件号/ 备案表号 / 业务编号				
	购汇用途	□经常项目　　　　　　　□资本项目 用途说明：			
	备注				

第二联　客户回单联

申请人说明
1. 本公司（人）向贵公司申请购汇，请审核相关资料、办理申报、按照业务处理时的即期汇率办理结汇，并授权贵行主动扣划本公司（人）的人民币账户。
2. 本购汇申请书字签发日起，有效期为十天。
3. 购汇申请书日期、购汇币种、购汇金额经涂改，或购汇大小写金额不一致，申请书无效。
4. 本公司（人）同意办理上述货币与金额的兑换业务，并承诺交易完成后不予撤销。
5. 本公司（人）保证所提供资料的真实性，并承担由此产生的一切后果及法律责任。

银行专用栏	申请人签章	银行签章
成交日期		
成交汇率	申请人姓名	核准人签字
等值人民币金额	电话	日期
核 印：	经 办	复 核

填写前请仔细阅读背面填报说明

附件 12

浦发银行 SPD BANK

境外汇款申请书
APPLICATION FOR FUNDS TRANSFERS (OVERSEAS)

致：上海浦东发展银行
TO: SHANGHAI PUDONG DEVELOPMENT BANK

日期 Date: 2013 11 18

	☑ 电汇 T/T ☐ 票汇 D/D ☐ 信汇 M/T	发电等级 Priority ☐ 普通 Normal ☐ 加急 Urgent

申报号码 BOP Reporting No.: 20 | 120000 2011 62 470704 2395

银行业务编号 Bank Transac. Ref. No.	PA186437	收电行/付款行 Receiver / Drawn on	
32A 汇款币种及金额 Currency & Interbank Settlement Amount	USD20 000	金额大写 Amount in Words	美元贰万元整
其中 现汇金额 Amount in FX		账号 Account No./Credit Card No.	
购汇金额 Amount of Purchase	USD20 000	账号 Account No./Credit Card No.	77024655310000701
其他金额 Amount of Others		账号 Account No./Credit Card No.	

50a 汇款人名称及地址 Remitter's Name & Address	TIANJIN TIFERT IMPORT & EXPORT CO.LTD. NO.118 ZHUJIANG RD HEXI DISTRICT, TIANJIN CHINA
☐ 对公 组织机构代码 Unit Code 74030610-4	☐ 对私 个人身份证件号码 Individual ID NO. ☐ 中国居民个人 Resident Individual ☐ 中国非居民个人 Non-Resident Individual

54/56a 收款银行之代理行 名称及地址 Correspondent of Beneficiary's Bank Name & Address	
57a 收款人开户银行名称及地址 Beneficiary's Bank Name & Address	收款人开户银行在其代理行账号 Bene's Bank A/C No. SWIFT CODE: CITIBANK(USA) 160 EAST MAIN STREET ALHAMBRA, NEWYORK USA
59a 收款人名称及地址 Beneficiary's Name & Address	收款人账号 Bene's A/C No. 01808-25570 JACK RICHESON & COMPANY, INC. U.S.A 108 ROCHESTER RD BENLINE, NEWYORK USA
70 汇款附言 Remittance Information	只限140个字位 Not Exceeding 140 Characters 进口货款	71A 国内外费用承担 All Bank's Charges If Any Are To Be Borne By ☐ 汇款人OUR ☐ 收款人BEN ☐ 共同SHA

收款人常驻国家（地区）名称及代码 Resident Country/Region Name & Code: 美国840

请选择：☐ 预付货款 Advance Payment ☑ 货到付款 Payment Against Delivery ☐ 退款 Refund ☐ 其他 Others   最迟装运日期

交易编号 BOP Transac. Code	101010 ☐☐☐☐☐☐	相应币种及金额 Currency & Amount	USD 20 000	交易附言 Transac.Remark	货款

是否为进口核销项下付款：☐ 是 ☐ 否   合同号：   发票号：
外汇局批件号 / 备案表号 / 业务编号：

银行专用栏 For Bank Use Only		申请人签章 Applicant's Signature	银行签章 Bank's Signature
购汇汇率@ Rate	6.130 1	请按照贵行背页所列条款代办以上汇款并进行申报 Please Effect The Upwards Remittance, Subject To The Conditions Overleaf:	
等值人民币 RMB Equivalent	RMB122 602		
手续费 Commission			
电报费 Cable Charges			
合计 Total Charges			
支付费用方式 In Payment of the Remittance	☐ 现金 by Cash ☐ 支票 by Check ☐ 账户 from Account	申请人姓名 Name of Applicant 电话 Phone No.	核准人签字 Authorized Person 日期 Date
核印 Sig. Ver.		经办 Maker	复核 Checker

填写前请仔细阅读各联背面条款及填报说明
Please read the conditions and instructions overleaf before filling in this application

附件13

上海浦东发展银行股份有限公司外汇业务 贷记通知

日期：2013-11-21　　　　流水号：999650010349

户　名：天津泰福进出口有限公司	金　　额：USD38 183.06
账　号：77011488410000290	起息日期：2013 年 11 月 21 日
业务编号：OC770113000418	

摘　要：
　　出口发票号：TTT50359-2013N，TTT50360-2013CT
　　发票金额：USD38 243.30
　　出口跟单托收——手续费 USD38.24
　　出口跟单托收——邮费 USD22.00

（上海浦东发展银行天津分行营业厅 业务核算章 2013.11.21）

金　　额：美元叁万捌仟壹佰捌拾叁元零陆分

经办：冯鑫　　　打印：苏育生　　　打印日期：2013-11-22　　　（银行盖章）

附件14

浦发银行 SPD BANK　外币支付凭证

2013 年 11 月 21 日　　　　WZ 1599980

付款人	全　称	天津泰福进出口有限公司	收款人	全　称	天津泰福进出口有限公司
	账　号	77011457410000290		账　号	77013468810000204
	开户银行	浦发银行天津分行		开户银行	浦发银行天津分行

币种及大写金额	美元叁万捌仟壹佰捌拾叁元零陆分	亿	千	百	十万	千	百	十	元	角	分
			U	S	D	3	8	1	8	3	0	6

摘　要：□结汇　□套汇　□划转　□支取现金　　银行签章

注：本凭证自签发之日起，有效期10天。

复核：　　　经办：　　　验印：

第二联　付款人回单

上面盖章三个：银行章、公司财务章、企业法人章

附件 15

上海浦东发展银行　涉 外 收 入 申 报 单

REPORTING FORM FOR RECEIPTS FROM ABROAD

根据《国际收支统计申报办法》(1995年8月30日经国务院批准)，特制发本申报表

This reporting form is distributed according to the Regulations on Reporting of Balance of Payments statistics (Approved by The State council on august.30.1995)

国家外汇管理局和有关银行将为您的具体申报内容保密

The State Admission of Foreign Exchange (The SAFE) and The Banks Concerned Would Keep What you Reported Confidential

请按填报说明（见第二联背面）填写。　　　　　　　　　　制表机关：国家外汇管理局
Please Report According to The instructions Overleaf　　　Authority: The SAFE

申报号码 Bop Report No.	125555　001002　131121　0022					
收款人名称 Payee						
☑ 对 公 Unit	组织机构代码 Unit Code	74030610－4				
☐ 对 私 Individual	个人身份证号码 ID Number					
	☐ 中国居民个人 Residual Individual　☐ 中国非居民个人 Non-Residual Individual					
结算方式 Payment Method	☐信用证 L/C	☑托收 Collection	☐保函 L/G	☐电汇 T/T	☐票汇 D/D	☐信汇 M/D ☐其他 Others
收入款币种及金额 Currency & Amount of Receipts					结汇汇率 Exchange Rate	
其中 of Which	结汇金额 Amount of Sale		账号/银行卡号 Account No/Credit Card No.			
	现汇金额 Amount in FX		账号/银行卡号 Account No/Credit Card No.			
	其他金额 Amount of Others		账号/银行卡号 Account No/Credit Card No.			
国内银行扣费币种及金额 Bank's Charges inside China			国外银行扣费币种及金额 Bank's Charges outside China			
付款人名称 Payer						
付款人常驻国家（地区）名称及代码 Country/Region of Payer & Code	☐☐☐		申报日期 Rep Date			
如果本笔款为预收货款或退款，请选择 If Advance Receipts or Refund Please Choose	☐预收货款 Advance Receipts		☐退款 Refund			
本笔款项是否为保税货物项下收入	☐是		☑否			
外汇局批件号 / 备案表号 / 业务编号						
收 入 类 型	☐福费廷	☐出口保理	☐出口押汇	☐出口贴现	☐其他	
交易编码 BOPT Code	101010 101010	相应币种及金额 Currensy&Amount		交易附言 Transac.Remark	一般贸易收入	
填报人签章 Signature or Stamp and Reporter			填报人电话 Phone No. of Reporter			

收款人章　　　银行经办人签章　　　时间　　　银行业务编号 00418

第二联　申报主体留存联

附件 16

特 种 转 账 借 方 传 票

2013 年 11 月 25 日　　　　　　　　　报单号码

付款单位	全称	天津泰福进出口有限公司	收款单位	全称	天津泰福进出口有限公司
	账号或地址	77024655310000701		账号或地址	88010158600000101
	开户银行	浦发　　行号		开户银行	浦发　　行号

金额	人民币壹万贰仟贰佰肆拾玖元肆角整	十亿 千 百 十万 千 百 十 元 角 分 ¥ 1 2 2 4 9 4 0

罚款赔偿金号码		科目：（借）＿＿＿＿＿＿＿＿ 对方科目：（贷）＿＿＿＿＿＿ 会计　　复核　　记账　　制票
（银行盖章）		

附件 17

上海浦东发展银行股份有限公司外汇业务　借记通知
日期：2013 年 11 月 25 日

付　款　人：天津泰福进出口有限公司　　　　起息日：2013-11-25

账　　　号：77024655310000701

业务编号：JS77010700002590

摘　　要：信用证开立　合同号：20131210-35

　　　　　手续费：RMB300.00 电报费：RMB300.00　　金　额：RMB600.00

金　　额：人民币陆佰元整

经办：刘遥　　　复核：陈楚　　　打印日期：2013-11-25　　　（银行盖章）

附件 18

上海浦东发展银行股份有限公司外汇业务　借记通知
日期：2013 年 12 月 10 日

付　款　人：天津泰福进出口有限公司	起息日：2013-12-10
账　　　号：77024655310000701	
业务编号：JS77010700003824	
摘　　　要：货款（80%）　合同号：20131210-35	金　额：RMB48 997.60
金　　　额：人民币肆万捌仟玖佰玖拾柒元陆角整	

经办：刘遥　　复核：陈楚　　打印日期：2013-03-15　　（银行盖章）

附件 19

上海浦东发展银行股份有限公司外汇业务　借记通知
日期：2013 年 12 月 10 日

付　款　人：天津泰福进出口有限公司	起息日：2013-12-10
账　　　号：77024655310000701	
业务编号：JS77010700003824	
摘　　　要：承兑手续费　合同号：20131210-35	金　额：RMB450
金　　　额：人民币肆佰伍拾元整	

经办：刘遥　　复核：陈楚　　打印日期：2013-03-15　　（银行盖章）

附件20

特种转账借方传票

2013年11月28日　　　　报单号码

付款单位	全　称	天津泰福进出口有限公司	收款单位	全　称	天津泰福进出口有限公司
	账号或地址	77013468810000204		账号或地址	88010158600000101
	开户银行	浦发　　行号		开户银行	浦发　　行号

金　额	美元壹万元整	十 亿 千 百 十 万 千 百 十 元 角 分
		U S D 1 0 0 0 0 0 0

罚款
赔偿金
号码

（银行盖章）

科目：（借）　上海浦东发展银行天津分行 营业部 2013.11.28
对方科目：（贷）
会计　复核　记账　转讫（45）　制票

高雯　高雯

附件21

上海浦东发展银行股份有限公司外汇业务　借记通知

日期：2013年11月28日

付　款　人：天津泰福进出口有限公司	起息日：2013-11-28
账　　　号：77024655310000701	上海浦东发展银行天津分行 营业部 2013.11.28 转讫（45）
业务编号：JS77010700002590	
摘　　要：信用证开立 合同号：223472	
手续费：RMB300.00 电报费：RMB300.00	金　额：RMB600.00
金　　　额：人民币陆佰元整	
经办：刘遥　　复核：陈楚　　打印日期：2013-11-28	（银行盖章）

自营出口核算岗项目一附件

附件 22

江苏增值税专用发票   NO 09523075

3213044131 抵扣联 开票日期：2013年08月13日

购货单位	名　称：天津泰福进出口有限公司 纳税人识别号：120103758612535 地　址、电　话：天津市河西区珠江道118号 28365487 开户行及账号：上海浦东发展银行天津分行 77024655310000701	密码区	/>>29745<2>9+*7/6-08 ->20/8/+/3+51*1>*459 /387188/5+47>>3904-12 8>7*98-4<88/>8+59>91	加密版本：01 3200054140 09527305

货物或应税劳务名称	规格型号	单位	数量	单价	金额	税率	税额
钢化玻璃		片	600	98.297 633 33	58 978.58	17%	10 026.36
合　计					￥58 978.58		￥10 026.36

价税合计（大写）	※陆万玖仟零佰零拾肆圆玖角肆分		（小写）￥69 004.94

销货单位	名　称：江苏省宿迁市利华玻璃厂 纳税人识别号：31128271182233 地　址、电　话：宿迁市西湖路82号 0521-7256498 开户行及账号：中行宿迁支行 34331008091001	备注	AAL54575-2013BX

收款人：　　　复核：　　　开票人：翁美华　　　销货单位：（章）

3213044131 江苏增值税专用发票 NO 09523075

发票联 开票日期：2013年08月13日

购货单位	名　称：天津泰福进出口有限公司 纳税人识别号：120103758612535 地　址、电　话：天津市河西区珠江道118号 28365487 开户行及账号：上海浦东发展银行天津分行 77024655310000701	密码区	/>>29745<2>9+*7/6-08 ->20/8/+/3+51*1>*459 /387188/5+47>>3904-12 8>7*98-4<88/>8+59>91	加密版本：01 3200054140 09527305

货物或应税劳务名称	规格型号	单位	数量	单价	金额	税率	税额
钢化玻璃		片	600	98.297 633 33	58 978.58	17%	10 026.36
合　计					￥58 978.58		￥10 026.36

价税合计（大写）	※陆万玖仟零佰零拾肆圆玖角肆分		（小写）￥69 004.94

销货单位	名　称：江苏省宿迁市利华玻璃厂 纳税人识别号：31128271182233 地　址、电　话：宿迁市西湖路82号 0521-7256498 开户行及账号：中行宿迁支行 34331008091001	备注	AAL54575-2013BX

附件 23

上海浦东发展银行 电汇凭证（回　单）　NO.10795674　1

□普通 □加急		委托日期　　年　月　日					

汇款人	全称		收款人	全称		此联汇出行给汇款人的回单
	账号			账号		
	汇出地点	省　　市/县		汇入地点	省　　市/县	
	汇出行名称	12698		汇入行名称		
金额	人民币（大写）				亿千百十万千百十元角分	

支付密码

附加信息及用途：

（印章：上海浦东发展银行天津分行 2013.08.13 转讫）

汇出行签章　　　　复核：　　记账：

本单据一式三联，1.汇出行给汇款人的回单　2.汇出行作借方凭证　3.汇出行凭以汇出汇款

附件 24

上海浦东发展银行（浦东天津分行营业）收费回单

交易流水：11011321330008　　　2013 年 08 月 13 日

付款人账号	77024655310000701	付款人名称	天津泰福进出口有限公司
收费种类	币种	交易金额	收费金额
47 电汇手续费	人民币	69 004.94	0.50
93 电子汇划费	人民币	69 004.94	10.00
合计金额	人民币壹拾元零伍角整		

柜员号：11013213　赵忻

附件 25
1200124140

天津增值税专用发票　NO 04523555

抵扣联　开票日期：2013 年 08 月 15 日

| 购货单位 | 名　称：天津泰福进出口有限公司
纳税人识别号：120103758612535
地址电话：天津市河西区珠江道 118 号 283654877
开户行及账号：上海浦东发展银行天津分行
　　　　　　　77024655310000701 | 密码区 | />>29745<2>9+*7/6-08
->>20/8/+/3+51*1>*459
/387188/5+47>>3904-12
8>7*98-4<88/>8+59>91 | 加密版本：01
3200054140
09527305 |

货物或应税劳务名称	规格型号	单位	数量	单　价	金　额	税率	税额
代理国内运杂费		批		2 110	2 110	6%	126.6
合　　计					￥2 110		￥126.6

价税合计（大写）　※贰仟贰佰叁拾陆元陆角整　　　（小写）￥2 236.6

| 销货单位 | 名　称：天津市正泰物流有限公司
纳税人识别号：120111297456123
地址、电话：天津市塘沽区建国道 24 号 022-71348090
开户行及账号：中国工商银行天津市塘沽支行
　　　　　　　12300019000056788 | 备注 | AAL2054575-13BX（提单号） |

收款人：　　　复核：　　　开票人：×××　　　销货单位：（章）

第二联：抵扣联　购货方扣税凭证

1200124140

天津增值税专用发票　NO 04523555

发票联　开票日期：2013 年 08 月 15 日

| 购货单位 | 名　称：天津泰福进出口有限公司
纳税人识别号：120103758612535
地址电话：天津市河西区珠江道 118 号 283654877
开户行及账号：上海浦东发展银行天津分行
　　　　　　　77024655310000701 | 密码区 | />>29745<2>9+*7/6-08
->>20/8/+/3+51*1>*459
/387188/5+47>>3904-12
8>7*98-4<88/>8+59>91 | 加密版本：01
3200054140
09527305 |

货物或应税劳务名称	规格型号	单位	数量	单　价	金　额	税率	税额
代理国内运杂费		批		2 110	2 110	6%	126.6
合　　计					￥2 110		￥126.6

价税合计（大写）　※贰仟贰佰叁拾陆元陆角整　　　（小写）￥2 236.6

| 销货单位 | 名　称：天津市正泰物流有限公司
纳税人识别号：120111297456123
地址、电话：天津市塘沽区建国道 24 号 022-71348090
开户行及账号：中国工商银行天津市塘沽支行
　　　　　　　12300019000056788 | 备注 | AAL54575-2013BX |

收款人：　　　复核：　　　开票人：×××　　　销货单位：（章）

第三联：发票联　购货方记账凭证

附件 26

上海浦东发展银行 电汇凭证（回 单）　NO.10795674　1

□普通 □加急		委托日期　年　月　日		
汇款人	全称		收款人	全称
	账号			账号
	汇出地点	省　市/县		汇入地点　省　市/县
	汇出行名称	12698		汇入行名称

金额　人民币（大写）　｜亿千百十万千百十元角分｜

支付密码

附加信息及用途

（盖章：上海浦东发展银行天津分行 2012.08.15 转讫）

汇出行签章　　　　复核：　记账：

本单据一式三联，1.汇出行给汇款人的回单　2.汇出行作借方凭证　3.汇出凭以汇出汇款

附件 27

上海浦东发展银行（浦东天津分行营业）收费回单

交易流水：11011321330008　　2013 年 08 月 13 日

付款人账号	77024655310000701	付款人名称	天津泰福进出口有限公司
收费种类	币种	交易金额	收费金额
47 电汇手续费	人民币	69 004.94	0.50
93 电子汇划费	人民币	69 004.94	10.00
合计金额	人民币壹拾元零伍角整		

柜员号：11013213 赵忻

附件 28

保险业专用发票
INSURANCE TRADE INVOICE

开票日期: 2013 年 08 月 18 日　　　　发票联　　　发票代码 212000832011
Date of Isure　　　　　　　　　　　　INVOICE　　　发票号码 01166772

投保人 Payer	天津泰福进口有限公司			
承保险种 Coverage	出口海洋运输货物保险			
保险单号 Policy No	60426350120090000011	批单号 End. No.		
保险费金额(大写) Premium Amount(In Words)	美元捌佰元整		(小写)(In Figures)	USD800
代收车船税(小写) Vehicle & Vessel Tax(In Figures)		滞纳金(小写) Overdue fine(In Figures)		
合计(大写) Consist(In Words)	美元捌佰元整		(小写)(In Figures)	USD800
附注 Remarks				

保险公司名称: 天津市天地保险公司　　复核: 刘静　　　　经手人: 吕家岭
Insurance Company　　　　　　　　　Checked by　　　　Handler
保险公司签章　　　　　　　　地址: 天津市河西区乐园道68号银河大厦　电话: 58586100
Stamped by Insurance Company　Add　　　　　　　　　　　　　　　　　Tel
保险公司纳税人识别号　　　　　　　　　　　　　　　　　　　　　(手写无效)
Taxpayer Identification No.　　　　　　　　　　　　　　　Not Valid If In Hand Written
开户行: 中国银行天津市分行
账　号: 273260067897

第二联 发票联 付款方留存

附件 29

境内汇款申请书
APPLICATION FOR FUNDS TRANSFERS (DOMESTIC)

致：上海浦东发展银行
TO: SHANGHAI PUDONG DEVELOPMENT BANK

日期 Date _____

		☑电汇 T/T ☐票汇 D/D ☐信汇 M/T		发电等级 Priority	☐普通 Normal ☐加急 Urgent	
进口核销专用申报号码 BOP Reporting No. 20			120000 2011 62 470704 2395			
	银行业务编号 Bank Transac. Ref. No.	PA186437	收电行/付款行 Receiver / Drawn on			
32A	汇款币种及金额 Currency & Interbank Settlement Amount		金额大写 Amount in Words			
其中	现汇金额 Amount in FX		账号 Account No./Credit Card No.			
	购汇金额 Amount of Purchase		账号 Account No./Credit Card No.			
	其他金额 Amount of Others		账号 Account No./Credit Card No.			
50a	汇款人名称及地址 Remitter's Name & Address					
	☐对公 组织机构代码 Unit Code		☐对私	个人身份证件号码 Individual ID NO. ☐中国居民个人 Resident Individual ☐中国非居民个人 Non-Resident Individual		
54/56a	收款银行之代理行 名称及地址 Correspondent of Beneficiary's Bank Name & Address					
57a	收款人开户银行名称及地址 Beneficiary's Bank Name & Address	收款人开户银行在其代理行账号 Bene's Bank A/C No.		SWIFT CODE:	SPDBCNTJ770	
59a	收款人名称及地址 Beneficiary's Name & Address	收款人账号 Bene's A/C No				
70	汇款附言 Remittance Information	只限140个字位 Not Exceeding 140 Characters		71A	国内外费用承担 All Bank's Charges If Any Are To Be Borne By ☐汇款人OUR ☐收款人BEN ☐共同SHA	
收款人常驻国家（地区）名称及代码 Resident Country/Region Name & Code						
本笔付款是否为进口核销项下付款		是☐ 否☐		最迟装运日期		
本笔付款请选择: ☐预付货款 Advance Payment ☐货到付款 Payment Against Delivery ☐退款 Refund ☐其他 Others						
付款性质	保税区☐	出口加工区☐	钻石交易所☐	离岸账户☐	深加工结转☐	其他☐
交易编码 BOP Transac. Code	101010 ☐☐☐☐☐☐	相应币种及金额 Currency & Amount		合同号	发票号	
外汇局批件号 / 备案号 / 业务编号						

银行专用栏 For Bank Use Only		申请人签章 Applicant's Signature	银行签章 Bank's Signature
购汇汇率 @ Rate		请按照贵行背页所列条款代办以上汇款并进行申报 Please Effect The Upwards Remittance, Subject To The Conditions Overleaf:	
等值人民币 RMB Equivalent			
手续费 Commission			
电报费 Cable Charges			
合计 Total Charges		申请人姓名 Name of Applicant	核准人签字 Authorized Person
支付费用方式 In Payment of the Remittance	☐现金 by Cash ☐支票 by Check ☐账户 from Account	电话 Phone No.	日期 Date
核印 Sig. Ver.		经办 Maker	复核 Checker

填写前请仔细阅读各联背面条款及填报说明
Please read the conditions and instructions overleaf before filling in this application

附件 30

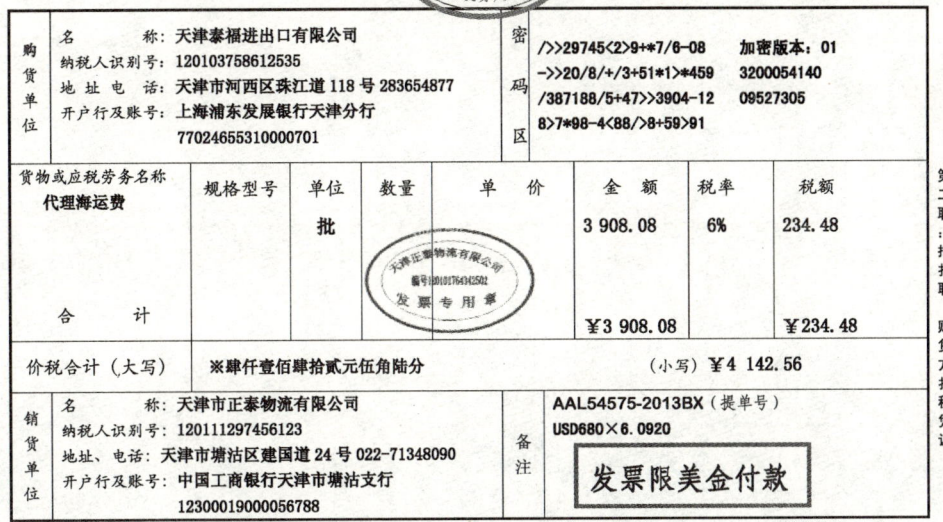

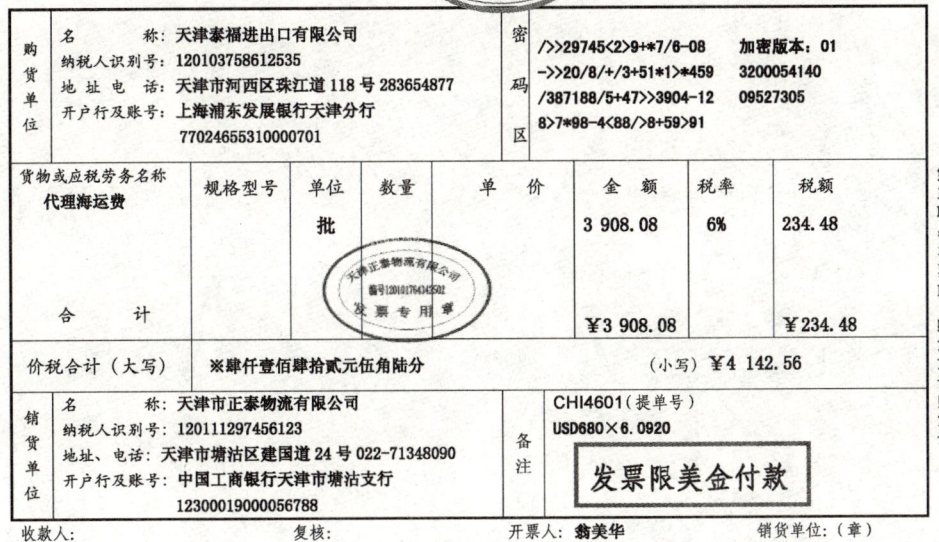

附件 31

上海浦东发展银行
购汇申请书

日期： 年 月 日

	申报号码	□□□□□ □□□□ □□ □□□□□□ □□□□
	银行业务编号	
客户填写	申请人名称	
	人民币账户账号	
	购汇币种及金额	
	购汇金额大写	
	□对公 组织机构代码□□□□□□□□-□　□对私　个人身份证件号码　□中国居民个人　□中国非居民个人	
	购汇资金去向	□入本行人民币账户　账　号
		□汇出汇款
		□其他
	交易编码	□□□□□□
	外汇局批件号/ 备案表号 / 业务编号	
	购汇用途	□经常项目　　　　　□资本项目 用途说明：
	备注	

申请人说明
1. 本公司（人）向贵公司申请购汇，请审核相关资料、办理申报、按照业务处理时的即期汇率办理结汇，并授权贵行主动扣划本公司（人）的人民币账户。
2. 本购汇申请书自签发日起，有效期为十天。
3. 购汇申请书日期、购汇币种、购汇金额经涂改，或购汇大小写金额不一致，申请书无效。
4. 本公司（人）同意办理上述货币与金额的兑换业务，并承诺交易完成后不予撤销。
5. 本公司（人）保证所提供资料的真实性，并承担由此产生的一切后果及法律责任。

银行专用栏	申请人签章	银行签章
成交日期		
成交汇率：6.092 0	申请人姓名	核准人签字
等值人民币金额：4 142.56	电话	日期
核印：	经办	复核

第二联　客户回单联

填写前请仔细阅读背面填报说明

附件 32

浦发银行 SPD BANK

境内汇款申请书
APPLICATION FOR FUNDS TRANSFERS (DOMESTIC)

致：上海浦东发展银行　　　　　　　　　　　　　　　　　　　　　　日期 Date
TO: SHANGHAI PUDONG DEVELOPMENT BANK

		☑电汇 T/T　□票汇 D/D　□信汇 M/T		发电等级 Priority	☑普通 Normal　□加急 Urgent
进口核销专用申报号码 BOP Reporting No.		120000　2011　62　470704　2395			
20	银行业务编号 Bank Transac. Ref. No.	PA186437	收电行/付款行 Receiver / Drawn on		
32A	汇款币种及金额 Currency & Interbank Settlement Amount		金额大写 Amount in Words		
其中	现汇金额 Amount in FX		账号 Account No./Credit Card No.		
	购汇金额 Amount of Purchase		账号 Account No./Credit Card No.		
	其他金额 Amount of Others		账号 Account No./Credit Card No.		
50a	汇款人名称及地址 Remitter's Name & Address				
	□对公 组织机构代码 Unit Code		□对私	个人身份证件号码 Individual ID NO. □中国居民个人 Resident Individual　□中国非居民个人 Non-Resident Individual	
54/56a	收款银行之代理行 名称及地址 Correspondent of Beneficiary's Bank Name & Address				
57a	收款人开户银行名称及地址 Beneficiary's Bank Name & Address	收款人开户银行在其代理行账号 Bene's Bank A/C No.		SWIFT CODE:	SPDBCNTJ770
59a	收款人名称及地址 Beneficiary's Name & Address	收款人账号 Bene's A/C No			
70	汇款附言 Remittance Information	只限140个字位 Not Exceeding 140 Characters		71A	国内外费用承担 All Bank's Charges If Any Are To Be Borne By □汇款人 OUR　□收款人 BEN　□共同 SHA
收款人常驻国家（地区）名称及代码 Resident Country/Region Name & Code					
本笔付款是否为进口核销项下付款		□是　□否		最迟装运日期	
本笔付款请选择：□预付货款 Advance Payment　□货到付款 Payment Against Delivery　□退款 Refund　□其他 Others					
付汇性质	保税区 □	出口加工区 □	钻石交易所 □	离岸账户 □　深加工结转 □	其他 □
	交易编码 BOP Transac. Code	101010　□□□□□□	相应币种及金额 Currency & Amount	合同号	
				发票号	
外汇局批件号 / 备案号 / 业务编号					

银行专用栏 For Bank Use Only		申请人签章 Applicant's Signature	银行签章 Bank's Signature
购汇汇率 @ Rate	6.092 0	请按照贵行背页所列条款代办以上汇款并进行申报 Please Effect The Upwards Remittance, Subject To The Conditions Overleaf:	
等值人民币 RMB Equivalent	4 142.56		
手续费 Commission			
电报费 Cable Charges			
合计 Total Charges			
支付费用方式 In Payment of the Remittance	□现金 by Cash □支票 by Check □账户 from Account	申请人姓名 Name of Applicant 电话 Phone No.	核准人签字 Authorized Person 日期 Date
核印 Sig. Ver.		经办 Maker	复核 Checker

填写前请仔细阅读各联背面条款及填报说明
Please read the conditions and instructions overleaf before filling in this application

附件 33

天津泰福进出口有限公司
TIANJIN TIFERT IMPORT & EXPORT CO., LTD.
NO.118，ZHUJIANG ROAD, TIANJIN, CHINA.

发 票
INVOICE

FAX:86-21-28360001

DATE:AUG.20,2013

INV.NO.AAL54575-2013BX

TEL: 86-21-283654987

S/C No. 2013N-068BX

From XINGANG to CHICAGO
To: JACK RICHESON & COMPANY, INC.
   U.S.A.

DESCRIPTION			AMOUNT
CLEAR TEMPERED GLASS			
GP-370 / W030			
		CIFC5% CHICAGO	
PACKAGES	QNTY	UNIT PRICE	
29CTNS	8622 MTS	@USD31/P	USD18 600
	Commission5%		USD930
TOTAL:			USD17 670

TOTAL : PACKED IN 37CTNS
G.W. 278687.8KGS
N.W. 925KGS

SHIPPING MARK: N/M

TIANJIN TIFERT IMPORT & EXPORT CO., LTD.

附件34

天津泰福进出口公司　　津泰福出口 NO: CK00003927
商检商品外销商品出库单

制单日期　2013年8月20日　　　　　　　　　　　　　　出口国别：　美国
发货日期　　年　月　日　　出口发票号：AAL54575-2013BX　　合同号：2013N-068BX

收购单号	商品编号	品　名	规　格	件数	@	细数	单位	单价	金额
RK00010082		钢化玻璃		16		600	P	98.297 633 33	58 978.58
		12122							

明细单号：PDJ53020—2013N	储存	仓　库　由厂直发		总金额：	58 978.58
结存件数：0　　结存细数：0	地点	区　段　排　号	不退税税率：4%	税款：	2 359.14
毛重：237.75　净重：213.56　体积：144×13×74cm	证号	字　　号		总数量：	
备注：		退13%			

部门：出口部　　　　部长：赵利　　　　业务员：周艳　　　　制单：武国

附件35

上海浦东发展银行股份有限公司外汇业务　贷记通知
日期：**2013-08-30**　　　　　　　　　　　流水号：999605010334

收款人：天津泰福进出口有限公司	金　　额：USD17 638.76
账号：11488410000290	起息日期：2013-08-30
业务编号：JS77010700002832	
摘　要：	
收款人：JACK RICHESON & COMPANY, INC. U.S.A.	
合同/发票号：AAL54575-2013BX	
结汇总金额：USD17 670	
结汇手续费：USD31.24	
金　　额：美元壹万陆仟玖佰陆拾捌元柒角陆分	
经办：刘洪　　　复合：冯鑫　　　打印日期：2013-08-30　　（银行盖章）	

附件 36

上海浦东发展银行
结汇申请书

日期： 年 月 日

客户填写	申报号码	□□□□□ □□□□ □□ □□□□□ □□□□				
	银行业务编号					
	申请人姓名					
	外汇账户账号	待核查账户号				
	账户性质	□结算账户　□资本金账户　□外债专用账户　□其他				
	企业性质	□中资企业　　　□外资企业 □其他（具体列明_____）	是否注册特殊经济区域　□是　　□否			
	结汇币种及金额					
	结汇金额大写					
	□对公　组织机构代码□□□□□□□-□		□对私	个人身份证件号码 □中国居民个人　　□中国非居民个人		
	人民币资金去向	□入本行人民币账户	账　　号	人民币账号		
		□汇出汇款	收款人名称			
			收款人账号			
			收款人开户行名称			
		□其他				
	结汇资金来源	□外汇账户　　　　√□汇入汇款				
		交易编码　□□□□□101010（一般贸易）				
	外汇局批件号/备案表号/业务编号					
	结汇用途	□001 支付货款　□002 支付工程款　□003 支付保证金　□004 支付咨询费　□005 支付其他服务费用 □006 预付款　□007 支付税款　□008 支付工资等劳务报酬　□009 土地出让金　□010 购房　□011 购买其他固定资产　□012 股权投资　□013 偿还银行贷款　□014 购买股票/债券/基金/信托等境内金融资产 □016 支付投资人境外证券投资本金/收益　□017 利息结汇　□018 备用金　□019 现钞　□099 其他				
	结汇详细用途					

申请人说明：
1. 本公司（人）向贵公司申请结汇，请审核相关资料、办理申报、按照业务处理时的即期汇率办理结汇，并授权贵行主动扣划本公司（人）外汇账户。
2. 本结汇申请书自签发日起，有效期为十天。
3. 结汇申请书日期、结汇币种、结汇金额经涂改，或结汇大小写金额不一致，申请书无效。
4. 本公司（人）同意办理上述货币与金额的兑换业务，并承诺交易完成后不予撤销。
5. 本公司（人）保证所提供资料的真实性，并承担由此产生的一切后果及法律责任。

银行专用栏	申请人签章	银行签章
成交日期：2013-08-30 成交汇率：6.085 3 等值人民币金额：103 260	申请人姓名 电话	核准人签字 日期
核 -印：	经 办	复 核

填写前请仔细阅读背面填报说明

第二联　客户回单联

附件 37

浦发银行 外币支付凭证

年　　月　　日　　WZ 1599980

付款人	全称		收款人	全称	
	账号	待核查账号		账号	美元现汇账号
	开户银行			开户银行	

币种及大写金额	亿	千	百	十	万	千	百	十	元	角	分
							6	7	0		

摘　要：□结汇　□套汇　□划转　□支取现金

注：本凭证自签发之日起，有效期10天。

复核：　　经办：　　验印：　　　　　银行签章

第二联　付款人回单

盖章三个：银行业务核算章、公司财务章、企业法人章

主要出口商品成本及盈亏表

会商(贸)05表

编制单位：　　　　　　　　　　　　　　　　　　　　　　　　　　　　　　　　　　　　　　　金额单位：人民币万元（以下两位小数）／万美元（以下两位小数）／人民币元（以下两位小数）

商品名称	计量单位	销售数量	销售收入			出口总成本								盈亏总额	出口美元成本（元）			
			折美元		人民币金额	出口经营成本							出口间接费用		本年		上年同期	
			单价（元）	金额		总值	商品进价		出口直接费用	消费税退税	出口关税	合计			经营成本	总成本	经营成本	总成本
							单价（元）	金额	其中：增值税未退金额									
商品名称	计量单位	销售数量																
1	2	3	4	5	6	7	8	9	10	11	12	13	14	15	16	17	18	19	20
合计																			

财务负责人：　　　　　　　　　　　　　　复核人：　　　　　　　　　　　　　　填表：

自营出口核算岗训练项目二附件

附件 38

浦发银行 SPD BANK

境外汇款申请书
APPLICATION FOR FUNDS TRANSFERS (OVERSEAS)

致：上海浦东发展银行
TO: SHANGHAI PUDONG DEVELOPMENT BANK

日期 Date 2013 09 09

	☑电汇 T/T □票汇 D/D □信汇 M/T	发电等级 Priority	☑普通 Normal □加急 Urgent
申报号码 BOP Reporting No.	120000 2011 62 470704 2395		
20 银行业务编号 Bank Transac. Ref. No.	PA186437	收电行/付款行 Receiver / Drawn on	
32A 汇款币种及金额 Currency & Interbank Settlement Amount	USD930	金额大写 Amount in Words	美元玖佰叁拾元整
其中 现汇金额 Amount in FX	USD930	账号 Account No./Credit Card No.	77013468810000204
购汇金额 Amount of Purchase		账号 Account No./Credit Card No.	
其他金额 Amount of Others		账号 Account No./Credit Card No.	
50a 汇款人名称及地址 Remitter's Name & Address	TIANJIN TIFERT IMPORT & EXPORT CO.LTD. NO. 118 ZHUJIANG RD HEXI DISTRICT, TIANJIN CHINA		
□对公 组织机构代码 Unit Code 74030610-4		□对私 个人身份证件号码 Individual ID NO. □中国居民个人 Resident Individual □中国非居民个人 Non-Resident Individual	
54/56a 收款银行之代理行 名称及地址 Correspondent of Beneficiary's Bank Name & Address			
57a 收款人开户银行名称及地址 Beneficiary's Bank Name & Address	收款人开户银行在其代理行账号 Bene's Bank A/C No. SWIFT CODE: CITIBANK(USA) 160 EAST MAIN STREET ALHAMBRA,NEWYORK USA		
59a 收款人名称及地址 Beneficiary's Name & Address	收款人账号 Bene's A/C No. 01808-25570 JACK RICHESON & COMPANY, INC.USA NO.78 ROCHESTER RD BENLINE, NEWYORK USA		
70 汇款附言 Remittance Information	只限140个字位 Not Exceeding 140 Characters COMMISSION	71A	国内外费用承担 All Bank's Charges If Any Are To Be Borne By □汇款人 OUR □收款人 BEN □共同 SHA
收款人常驻国家（地区）名称及代码 Resident Country/Region Name & Code			美国 840
请选择：□预付货款 Advance Payment □货到付款 Payment Against Delivery □退款 Refund □其他 Others		最迟装运日期	
交易编码 BOP Transac. Code 101010	相应币种及金额 Currency & Amount USD 930	交易附言 Transac.Remark	佣金
是否为进口核销项下付款	□是 □否 合同号	发票号	AAL54575-2013BX
外汇局批件号 / 备案表号 / 业务编号			

银行专用栏 For Bank Use Only		申请人签章 Applicant's Signature	银行签章 Bank's Signature
购汇汇率 @ Rate	6.137 7	请按照贵行背页所列条款代办以上汇款并进行申报 Please Effect The Upwards Remittance, Subject To The Conditions Overleaf:	
等值人民币 RMB Equivalent	RMB5 708.06		
手续费 Commission			
电报费 Cable Charges			
合计 Total Charges			
支付费用方式 In Payment of the Remittance	□现金 by Cash □支票 by Check □账户 from Account	申请人姓名 Name of Applicant 电话 Phone No.	核准人签字 Authorized Person 日期 Date
核印 Sig. Ver.		经办 Maker	复核 Checker

填写前请仔细阅读各联背面条款及填报说明
Please read the conditions and instructions overleaf before filling in this application

附件 39

上海浦东发展银行
购汇申请书

日期：2013 年 09 月 09 日

申报号码	□□□□□□ □□□□ □□ □□□□□□ □□□□		
银行业务编号			

客户填写	申请人名称			
	人民币账户账号			
	购汇币种及金额			
	购汇金额大写			
	□对公 组织机构代码□□□□□□□-□		□对私	个人身份证件号码 □中国居民个人　□中国非居民个人
	购汇资金去向	□入本行人民币账户	账　号	
		□汇出汇款		
		□其他		
	交易编码	□□□□□□		
	外汇局批件号/ 备案表号/ 业务编号			
	购汇用途	□经常项目　　　　　□资本项目 用途说明： 出口佣金		
	备注			

申请人说明：
1. 本公司（人）向贵公司申请购汇，请审核相关资料、办理申报、按照业务处理时的即期汇率办理结汇，并授权贵行主动扣划本公司（人）的人民币账户。
2. 本购汇申请书自签发日起，有效期为十天。
3. 购汇申请书日期、购汇币种、购汇金额经涂改，或购汇大小写金额不一致，申请书无效。
4. 本公司（人）同意办理上述货币与金额的兑换业务，并承诺交易完成后不予撤销。
5. 本公司（人）保证所提供资料的真实性，并承担由此产生的一切后果及法律责任。

银行专用栏	申请人签章	银行签章
成交日期 2013-09-09		
成交汇率 6.137 7	申请人姓名	核准人签字
等值人民币金额 5 708.06	电话	日期
核印：	经办	复核

填写前请仔细阅读背面填报说明

附件 40

境外汇款申请书
APPLICATION FOR FUNDS TRANSFERS (OVERSEAS)

浦发银行 SPD BANK

致：上海浦东发展银行
TO: SHANGHAI PUDONG DEVELOPMENT BANK

日期 Date _____

	☑ 电汇 T/T ☐ 票汇 D/D ☐ 信汇 M/T	发电等级 Priority ☑ 普通 Normal ☐ 加急 Urgent

申报号码 BOP Reporting No.	120000	2011	62	470704	2395

20	银行业务编号 Bank Transac. Ref. No.	PA186437	收电行/付款行 Receiver / Drawn on	
32A	汇款币种及金额 Currency & Interbank Settlement Amount		金额大写 Amount in Words	
其 中	现汇金额 Amount in FX		账号 Account No./Credit Card No.	
	购汇金额 Amount of Purchase		账号 Account No./Credit Card No.	77024655310000701
	其他金额 Amount of Others		账号 Account No./Credit Card No.	
50a	汇款人名称及地址 Remitter's Name & Address			
	☐ 对公 组织机构代码 Unit Code 74030610-4	☐ 对私	个人身份证件号码 Individual ID NO. ☐ 中国居民个人 Resident Individual ☐ 中国非居民个人 Non-Resident Individual	
54/56a	收款银行之代理行 名称及地址 Correspondent of Beneficiary's Bank Name & Address			
57a	收款人开户银行名称及地址 Beneficiary's Bank Name & Address	收款人开户银行在其代理行账号 Bene's Bank A/C No.	SWIFT CODE:	
59a	收款人名称及地址 Beneficiary's Name & Address	收款人账号 Bene's A/C No.		
70	汇款附言 Remittance Information	只限140个字位 Not Exceeding 140 Characters	71A 国内外费用承担 All Bank's Charges If Any Are To Be Borne By ☐ 汇款人 OUR ☐ 收款人 BEN ☐ 共同 SHA	

收款人常驻国家(地区)名称及代码 Resident Country/Region Name & Code _____
请选择：☐ 预付货款 Advance Payment ☐ 货到付款 Payment Against Delivery ☐ 退款 Refund ☐ 其他 Others   最迟装运日期 _____

交易编码 BOP Transac. Code	101010 ☐☐☐☐☐☐	相应币种及金额 Currency & Amount		交易附言 Transac. Remark	

是否为进口核销项下付款 ☐ 是 ☐ 否   合同号 _____ 发票号 _____
外汇局批件号 / 备案表号 / 业务编号 _____

银行专用栏 For Bank Use Only		申请人签章 Applicant's Signature	银行签章 Bank's Signature
购汇汇率 @ Rate	6.137 7	请按照贵行背页所列条款代办以上汇款并进行申报 Please Effect The Upwards Remittance, Subject To The Conditions Overleaf:	
等值人民币 RMB Equivalent	RMB5 708.06		
手续费 Commission			
电报费 Cable Charges			
合计 Total Charges			
支付费用方式 In Payment of the Remittance	☐ 现金 by Cash ☐ 支票 by Check ☐ 账户 from Account	申请人姓名 Name of Applicant _____ 电话 Phone No. _____	核准人签字 Authorized Person _____ 日期 Date _____
核印 Sig. Ver.		经办 Maker	复核 Checker

填写前请仔细阅读各联背面条款及填报说明
Please read the conditions and instructions overleaf before filling in this application

附件 41

自营出口核算岗训练项目三附件

TIANJIN TIFERT IMPORT & EXPORT CO., LTD.
NO.118，ZHUJIANG ROAD, TIANJIN, CHINA.
INVOICE

FAX: 86-22-28362560　　　　　　　　　　　　　　**DATE:** JAN.17,2012
　　　　　　　　　　　　　　　　　　　　　　　　　　INV.NO. AAS54623-2011
TEL: 86-22-28366790　　　　　　　　　　　　　　**S/C No.** 2011N-107

From XINGANG **to** SEOUL
To: YANGJI　E AND C　CO.,LTD
　　　SAN 7-1 MUJINAE DONG SHIHEUNG SI KYUNGGI DO KOREA

DESCRIPTION				AMOUNT
TOILET PAN				FOB XINGANG
ART　NO.	**PACKAGES**	**QNTY**	**UNIT PRICE**	
Stainless steel cutlery	167CTNS	2004SETS	@USD2.253/SET	USD4 515.01
COLOR BOX	0CTNS	2004PCS	@USD0.553/PC	USD1 108.21
TOTAL:	167CTNS	2004PCS& 2004SETS		USD5 623.22

TOTAL : PACKED IN 167CTNS
　　G.W. 1533.1KGS
　　N.W. 1386.1KGS

SHIPPING MARK:

TIANJIN TIFERT IMPORT & EXPORT CO., LTD.

附件 42

天津泰福进出口公司

商检商品外销商品出库单

津泰福出口 NO:CK00003927

制单日期 2012年1月17日 出口国别:巴西
发货日期   年 月 日   出口发票号: 合同号:

收购单号	商品编号	品名	规格	件数	@	细数	单位	单价	金额
		不锈钢餐具及彩盒		2 004套		2 004套	套	13.000 454	26 052.91

明细单号:PDJ53020—2012N 结存细数:0 仓库 由厂直发 总金额: 26 052.91
结存件数:0 区 段 排 税款:
毛重:1533.1KGS 净重:1386.1KGS 体积: 储存地点 字 号 不退税税率:4% 总数量: 167CTNS
备注: 证号   退13%

部门:出口部 部长:赵利 业务员:周艳 制单:武国

附件43

天津增值税专用发票 NO 04523175

1200124140

开票日期：2012年01月08日

抵扣联

购货单位	名称：天津泰福进出口有限公司
	纳税人识别号：120103758612535
	地址、电话：天津市河西区珠江道118号 283654877
	开户行及账号：上海浦东发展银行天津分行 77024655310000701

密码区：
/>29745<2>9+*7/6-08
->/20/8/+/3+51*1>*459
/387188/5+47>3904-12
8>7*98-4<88/>8+59>91

加密版本：01
3200054140
09527305

货物或应税劳务名称	规格型号	单位	数量	单价	金额	税率	税额
运费		批		2 110	2 110	6%	126.6
合计					￥2 110		￥126.6

价税合计（大写）：※贰仟贰佰叁拾陆元陆角整　（小写）￥2 236.6

销货单位	名称：天津市正泰物流有限公司	备注	AAS54623-2011
	纳税人识别号：120111297456383		（发票专用章）
	地址、电话：天津市塘沽区建国道24号 022-71348090		
	开户行及账号：中国工商银行天津市塘沽支行 12300019000056788		

收款人：　　复核：　　开票人：翁美华　　销货单位：（章）

第二联：抵扣联　购货方扣税凭证

1200124140

天津增值税专用发票 NO 04523175

开票日期：2012年01月08日

发票联

购货单位	名称：天津泰福进出口有限公司
	纳税人识别号：120103758612535
	地址、电话：天津市河西区珠江道118号 283654877
	开户行及账号：上海浦东发展银行天津分行 77024655310000701

密码区：
/>29745<2>9+*7/6-08
->/20/8/+/3+51*1>*459
/387188/5+47>3904-12
8>7*98-4<88/>8+59>91

加密版本：01
3200054140
09527305

货物或应税劳务名称	规格型号	单位	数量	单价	金额	税率	税额
运费		批		2 110	2 110	6%	126.6
合计					￥2 110		￥126.6

价税合计（大写）：※贰仟贰佰叁拾陆元陆角整　（小写）￥2 236.6

销货单位	名称：天津市正泰物流有限公司	备注	AAS54623-2011
	纳税人识别号：120111297456383		（发票专用章）
	地址、电话：天津市塘沽区建国道24号 022-71348090		
	开户行及账号：中国工商银行天津市塘沽支行 12300019000056788		

收款人：　　复核：　　开票人：翁美华　　销货单位：（章）

第三联：发票联　购货方记账凭证

附件 44

上海浦发银行
转账支票存根

Ⅳ Ⅱ 01570052
附加信息

出票日期：
| 收 款 人： |
| 金　　额： |
| 用　　途： |

单位主管：　　　　会计：

附件 45

浦发银行 SPD BANK　　**上海浦东发展银行** 外汇会计凭证　　如业务编号相同属重复印打，仅一份有效。

网点号：7701　　日期：20120127　　凭证号：

业务编号	IR7701130006013	业务类型	跨境汇入汇款		起息日	
借方或付款单位	名 称			贷方或收款单位	名 称	天津泰福进出口有限公司
	账 号				账 号	77011457410000290
	币别与金额				币别与金额	USD5 623.22
	汇率/利率				汇率/利率	

交易描述：
报文类型：MT103　　　　　　　　　　　报文编号：IM9901131294438
国际收支编号：101010
付款信息：　　　　　　　　　　　　　70: RFB 16754OR1300902
32: 130808 USD5 623.22
50: /1390510
　　YANGJI E AND C CO.,LTD　　　　71A:SHA
　　SAN 7-1 MUJINAE DONG SHIHEUNG SI　71F or G:
　　KYUNGGI DO KOREA　　　　　　　　72:
52: IBKOKRSEXXX

业务核算章
2012.01.27

第二联 回单联

打印次数：　　业务流水：110202690071　　会计：11047665　　复核：11020269　　记账：

附件 46

上海浦东发展银行
结汇申请书

日期：2012 年 01 月 27 日

申报号码	□□□□□□ □□□□ □□ □□□□□□ □□□□					
银行业务编号						
客户填写	申请人姓名	天津泰福进出口有限公司				
	外汇账户账号	77011457410000290				
	账户性质	□结算账户　□资本金账户　□外债专用账户　□其他				
	企业性质	□中资企业　　　□外资企 □其他（具体列明_____）		是否注册特殊经济区域	□是	□否
	结汇币种及金额	USD5 623.22				
	结汇金额大写	美元伍仟陆佰贰拾叁元贰角贰分				
	□对公　组织机构代码□□□□□□□-□		□对私	个人身份证件号码		
				□中国居民个人　　□中国非居民个人		
	人民币资金去向	□入本行人民币账户	账　　号	77024655310000701		
		□汇出汇款	收款人名称			
			收款人账号			
			收款人开户行名称			
		□其他				
	结汇资金来源	□外汇账户　　　□汇入汇款				
		交易编号　□□□□□□101010				
	外汇局批件号/备案表号/业务编号					
	结汇用途	□001 支付货款　□002 支付工程款　□003 支付保证金　□004 支付咨询费　□005 支付其他服务费用 □006 预付款　□007 支付税款　□008 支付工资等劳务报酬　□009 土地出让金　□010 购房　□011 购买其他固定资产　□012 股权出资　□013 偿还银行贷款　□014 购买股票/债券/基金/信托等境内金融资产 □016 支付投资人境外证券投资本金/收益　□017 利息结汇　□018 备用金　□019 现钞　□099 其他				
	结汇详细用途	货款				

申请人说明
1. 本公司（人）向贵公司申请结汇，请审核相关资料、办理申报、按照业务处理时的即期汇率办理结汇，并授权贵行主动扣划本公司（人）外汇账户。
2. 本结汇申请书自签发日起，有效期为十天。
3. 结汇申请书日期、结汇币种、结汇金额经涂改，或结汇大小写金额不一致，申请书无效。
4. 本公司（人）同意办理上述货币与金额的兑换业务，并承诺交易完成后不予撤销。
5. 本公司（人）保证所提供资料的真实性，并承担由此产生的一切后果及法律责任。

银行专用栏	申请人签章		银行签章	
成交日期 2012-01-27				
成交汇率 6.131 800 00	申请人姓名		核准人签字	
等值人民币金额 34 480.46	电话		日期	
核印：	经办		复核	

填写前请仔细阅读背面填报说明

附件 47

上海浦东发展银行

涉 外 收 入 申 报 单
REPORTING FORM FOR RECEIPTS FROM ABROAD

根据《国际收支统计申报办法》(1995年8月30日经国务院批准)，特制发本申报表

This reporting form is distributed according to the Regulations on Reporting of Balance of Payments statistics (Approved by The State council on august.30.1995)

国家外汇管理局和有关银行将为您的具体申报内容保密

The State Admission of Foreign Exchange (The SAFE) and The Banks Concerned Would Keep What you Reported Confidential

请按填报说明（见第二联背面）填写。
Please Report According to The instructions Overleaf

制表机关：国家外汇管理局
Authority: The SAFE

申报号码 Bop Report No.	1 2 5 5 5 5　0 0 1 0 0 2　1 2 0 1 2 7　0 0 2 2			
收款人名称 Payee	天津泰福进出口有限公司			
☑ 对公 Unit	组织机构代码 Unit Code	7 4 0 3 0 6 1 0 — 4		
☐ 对私 Individual	个人身份证号码 ID Number			
	☐ 中国居民个人 Residual Individual　☐ 中国非居民个人 Non-Residual Individual			
结算方式 Payment Method	☐ 信用证 L/C　☐ 托收 Collection　☐ 保函 L/G　☑ 电汇 T/T　☐ 票汇 D/D　☐ 信汇 M/D　☐ 其他 Others			
收入款币种及金额 Currency & Amount of Receipts	USD5 623.22		结汇汇率 Exchange Rate	6.131 8
其中 of Which	结汇金额 Amount of Sale	USD5 623.22	账号/银行卡号 Account No/Credit Card No.	77024655310000701
	现汇金额 Amount in FX		账号/银行卡号 Account No/Credit Card No.	
	其他金额 Amount of Others		账号/银行卡号 Account No/Credit Card No.	
国内银行扣费币种及金额 Bank's Charges inside China		国外银行扣费币种及金额 Bank's Charges outside China		
付款人名称 Payer	YANGJI E AND C CO.,LTD			
付款人常驻国家(地区)名称及代码 Country/Region of Payer & Code	韩国　K O R		申报日期 Rep Date	2012　01　27
如果本笔款为预收货款或退款，请选择 If Advance Receipts or Re Please Choose	☐ 预收货款 Advance Receipts		☑ 退款 Refund	
本笔款项是否为保税货物项下收入	☐ 是		☑ 否	
外汇局批件号／备案表号／业务编号				
收入类型	☐ 福费廷　☐ 出口保理　☐ 出口押汇　☐ 出口贴现　☐ 其他			
交易编号 BOPT Code	1 0 1 0 1 0　　1 0 1 0 1 0	相应币种及金额 Currensy&Amount	USD5 623.22	交易附言 Transac.Remark	一般贸易收入
填报人签章 Signature or Stamp and Reporter	陈亮		填报人电话 Phone No. of Reporter	

第二联 申报主体留存联

收款人章　　银行经办人签章　　时间　　银行业务编号 00418

出口退税核算岗训练项目一附件

附件48
JG09

中华人民共和国海关出口货物报关单 [出口退税专用]

主页

1 预录入编号：090066035		海关编号：020220074527455504	
出口口岸 新港海关	备案号	出口日期 2013-08-20	申报日期 2013-08-15
经营单位 天津泰福进出口有限公司 1202911243	运输方式 江海运输	运输工具名称 SYMSSONGSHAN/0709	提运单号 PASU5100000780
发货单位 天津泰福进出口有限公司	贸易方式 一般贸易 0110	征免性质 一般征税（101）	结汇方式 信用证
许可证号	运抵国（地区）美国	指运港 芝加哥	境内货源地 河西区（12039）
批准文号 0645007016	成交方式 CIF C5%	运费 $680	保费 $800	杂费
合同协议号 2013N-068BX	件数 600	包装种类 其他	毛重（公斤）8622	净重（公斤）7951
集装箱号 1	随附单据		生产厂家
标记唛码及备注　新通海　集装箱号：TGHU2925218			

项号	商品编号	商品名称、规格型号	数量及单位	最终目的国（地区）	单价	总价	币制	征免
01	70071110900	钢化玻璃	8622 千克	美国	USD31/P	17 670	USD	照章征税

税费征收情况

录入员	录入单位	兹声明以上申报无讹并承担法律责任	海关审单批注及放行日期（签章）	
报关员			审单	审价
单位地址		申报单位（签章）	征税	统计
邮编	电话	天津振华报关行有限公司 填制日期 2013-08-15	查验	放行
			签发关员：李景 签发日期：2013-08-15	

第二联　客户回单

实训项目原始单据附件

附件 49

江苏增值税专用发票 NO 09523075

3213044131

开票日期：2013年08月13日

购货单位	名称	天津泰福进出口有限公司						
	纳税人识别号	120103758612535						
	地址电话	天津市河西区珠江道 118 号 28365487						
	开户行及账号	上海浦东发展银行天津分行 77024655310000701						

密码区：
/>>29745<2>9+*7/6-08
->/20/8/+/3+51*1>*459
/387188/5+47>*3904-12
8>7*98-4<88/>8+59>91

加密版本：01
3200054140
09527305

货物或应税劳务名称	规格型号	单位	数量	单价	金额	税率	税额
钢化玻璃		片	600	98.297 633 33	58 978.58	17%	10 026.36
合　计					￥58 978.58		￥10 026.36

价税合计（大写）　※陆万玖仟零佰零拾肆圆玖角肆分　　（小写）￥69 004.94

销货单位	名称	江苏省宿迁市利华玻璃厂	备注	AAL54575-2013BX
	纳税人识别号	3 1 1 2 8 2 7 1 1 8 2 2 3 3 3		
	地址、电话	宿迁市西湖路 82 号 0521-7256498		
	开户行及账号	中行宿迁支行 34331008091001		

收款人：　　　　复核：　　　　开票人：翁美华　　　　销货单位：（章）

第二联：抵扣联 购货方扣税凭证

江苏增值税专用发票 NO 09523075

3213044131

开票日期：2013年08月13日

购货单位	名称	天津泰福进出口有限公司						
	纳税人识别号	120103758612535						
	地址电话	天津市河西区珠江道 118 号 28365487						
	开户行及账号	上海浦东发展银行天津分行 77024655310000701						

密码区：
/>>29745<2>9+*7/6-08
->/20/8/+/3+51*1>*459
/387188/5+47>*3904-12
8>7*98-4<88/>8+59>91

加密版本：01
3200054140
09527305

货物或应税劳务名称	规格型号	单位	数量	单价	金额	税率	税额
钢化玻璃		片	600	98.297 633 33	58 978.58	17%	10 026.36
合　计					￥58 978.58		￥10 026.36

价税合计（大写）　※陆万玖仟零佰零拾肆圆玖角肆分　　（小写）￥69 004.94

销货单位	名称	江苏省宿迁市利华玻璃厂	备注	AAL54575-2013BX
	纳税人识别号	3 1 1 2 8 2 7 1 1 8 2 2 3 3 3		
	地址、电话	宿迁市西湖路 82 号 0521-7256498		
	开户行及账号	中行宿迁支行 34331008091001		

第三联：发票联 购货方记账凭证

附件 50

中华人民共和国
税 收 收 入 退 还 书

津国退电（2006） No 0044390

签发机关：二所　　　填发日期：**2013** 年 **09** 月 **25** 日　　　经济类型：其他有限责任公司

预算科目	编码	101010301		收款单位（人）	代 码	120103758612535
	名称	出口货物退增值税			全　称	天津泰福进出口有限责任公司
	级次	中央100%			开户银行	上海浦发银行天津分行12698
退款国库		天津市河西区支库			账　号	77024655310000701

退　库　原　因	品　目　名　称	退 库 金 额
出口退税	商业（　%）	¥
金额合计（大写）　人民币		¥

签 发 机 关			上列款项已办妥退库手续	备注：
（机关盖章）	负责人（章）	经办人（章）	并划转收款单位账户 国库（银行）盖章 年　　月　　日	

计算机专用税票手工填开无效

第六联（收款通知）由收款单位开户银行退收款单位作收款凭证

外贸企业出口退税出口明细申报表

海关企业代码：1202911243
纳税人名称(章)：天津泰福进出口有限公司
纳税人识别号：12010375861 2535

所属期： 年 月 申报批次：01

金额单位：元至角分

序号	关联号	出口发票号	出口货物报关单号	代理出口货物证明号	出口日期	出口商品代码	计量单位	出口数量	美元离岸价	出口进货金额	申报商品代码	退税率（%）	申报增值税退税额	申报消费税退税额	单证不齐标志	退(免)税业务类型
1	2	3	4	5	6	7	8	9	10	11	12	13	14	15	16	17
合计																

兹声明以上申报无讹并愿意承担一切法律责任

经办人： 财务负责人： 法定代表人(负责人)：

外贸企业出口退税进货明细申报表

海关企业代码：1202911243

纳税人名称（章）：天津泰福进出口有限公司

纳税人识别号：12010375861253

所属期： 年 月　　申报批次：01　　金额单位：元至角分

序号	关联号	税种	进货凭证号	开票日期	商品代码	商品名称	计量单位	数量	计税金额	征税率（%）	征税税额	退税率（%）	应退税额	专用税票号	备注
1	2	3	4	5	6	7	8	9	10	11	12	13	14	15	16
0001															

企业填表人：　　　财务负责人：　　　企业负责人：　　　填表日期： 年 月

出口退税核算岗训练项目三附件

附件 51

增值税纳税申报表

（适用于增值税一般纳税人）

根据《中华人民共和国增值税暂行条例》第二十二条和第二十三条的规定制定本表。纳税人不论有无销售额，均应按主管税务机关核定的纳税期限按期填报本表，并于次月一日起十日内，向当地税务机关申报。

税款所属时间：自 年 月 日 至 年 月 日　　填表日期： 年 月 日　　金额单位：元至角分

纳税人识别号			法定代表人姓名		注册地址		营业地址	
纳税人名称		（公章）	企业登记注册类型		所属行业		电话号码	
开户银行及账号								

	项 目	栏次	一般货物及劳务		即征即退货物及劳务	
			本月数	本年累计	本月数	本年累计
销售额	（一）按适用税率征税货物及劳务销售额	1				
	其中：应税货物销售额	2				
	应税劳务销售额	3				
	纳税检查调整的销售额	4				
	（二）按简易征收办法征税货物销售额	5				
	其中：纳税检查调整的销售额	6				
	（三）免、抵、退办法出口货物销售额	7			—	—
	（四）免税货物及劳务销售额	8			—	—
	其中：免税货物销售额	9			—	—
	免税劳务销售额	10			—	—
税款计算	销项税额	11				
	进项税额	12				
	上期留抵税额	13				
	进项税额转出	14				
	免抵退货物应退税额	15			—	—
	按适用税率计算的纳税检查应补缴税额	16				
	应抵扣税额合计	17=12+13-14-15+16				

（续表）

项目		栏次	一般货物及劳务		即征即退货物及劳务	
			本月数	本年累计	本月数	本年累计
税款计算	实际抵扣税额	18（如17<11，则为17，否则为11）				
	应纳税额	19=11-18				—
	期末留抵税额	20=17-18		—		—
	按简易征收办法计算的应纳税额	21				
	按简易征收办法计算的纳税检查应补缴税额	22				
	应纳税额减征额	23				
	应纳税额合计	24=19+21-23				
税款缴纳	期初未缴税额（多缴为负数）	25				—
	实收出口开具专用缴款书退税额	26				—
	本期已缴税额	27=28+29+30+31				—
	①分次预缴税额	28				—
	②出口开具专用缴款书预缴税额	29				—
	③本期缴纳上期应纳税额	30				—
	④本期缴纳欠缴税额	31				—
	期末未缴税额（多缴为负数）	32=24+25+26-27				—
	其中：欠缴税额（≥0）	33=25+26-27				—
	本期应补（退）税额	34=24-28-29				—
	即征即退实际退税额	35				
	期初未缴查补税额	36				—
	本期入库查补税额	37				—
	期末未缴查补税额	38=16+22+36-37				—

授权声明	如果你已委托代理人申报，请填写下列资料： 为代理一切税务事宜，现授权_____（地址）_____为本纳税人的代理申报人，任何与本申报表有关的往来文件，都可寄予此人。 授权人签字：	申报人声明	此纳税申报表是根据《中华人民共和国增值税暂行条例》的规定填报的，我相信它是真实的、可靠的、完整的。 声明人签字：

以下由税务机关填写：

收到日期：　　　　　　　　　接收人：　　　　　　　　　　　主管税务机关盖章：

附件 52

外贸企业出口退税进货明细申报表

海关企业代码:1202911243

纳税人名称(章):天津泰福进出口有限公司　　　　所属期:　　年　　月　　申报批次:01　　金额单位:元至角分

纳税人识别号:1201037586125355

序号	关联号	税种	进货凭证号	开票日期	商品代码	商品名称	计量单位	数量	计税金额	征税率(%)	征税税额	退税率(%)	应退税额	专用税票号	备注
1	2	3	4	5	6	7	8	9	10	11	12	13	14	15	16
0001															

企业填表人:　　　　　　　　　　财务负责人:　　　　　　　　　　企业负责人:　　　　　　　　　　填表日期:　　年　　月

附件 53

外贸企业出口退税出口明细申报表

海关企业代码:1202911243
纳税人名称(章):天津泰福进出口有限公司
纳税人识别号:12010375861 2535

所属期: 年 月　　申报批次:01　　金额单位:元至角分

序号	关联号	出口发票号	出口货物报关单号	代理出口货物证明号	出口日期	出口商品代码	计量单位	出口数量	美元离岸价	出口进货金额	申报商品代码	退税率(%)	申报增值退税额	申报消费税消费税退税额	单证不齐标志	退(免)税业务类型
1	2	3	4	5	6	7	8	9	10	11	12	13	14	15	16	17
合计																

兹声明以上申报无讹并愿意承担一切法律责任

经办人:　　　　　　　　　财务负责人:　　　　　　　　　法定代表人(负责人):

附件54

外贸企业出口退税汇总申报表
(适用于增值税一般纳税人)

申报时间： 年 月　　申报批次：02

申报日期： 年 月 日

纳税人识别号：
纳税人名称(公章)：天津泰福进出口有限公司

海关代码：120291243
金额单位：元至角分、美元

出口企业申报		审单情况	主管退税机关审核	
出口退税出口明细申报表	张、记录 条		机审情况	
出口发票	1张，出口额 美元		本次机审通过退增值税额	元
出口报关单	1张，		其中：上期结转疑点退增值税	元
代理出口货物证明	0张，		本期申报数据退增值税	元
收汇核销单	0张，收汇额 美元		本次机审通过退消费税额	元
远期收汇证明	0张，其他凭证 0张		其中：上期结转疑点退消费税	元
出口退税进货明细申报表	1份，记录 条		本期申报数据退消费税	元
增值税专用发票	张，其中非税控专用发票 0张		结余疑点数据退增值税	元
普通发票	0张，专用税票 0张		结余疑点数据退消费税	元
其他凭证	0张，总进货金额 0.00元			
总进货税额	元，			
其中：增值税	元，消费税			
本月申报退税额	元，			

（续表）

出口企业申报			主管退税机关审核	
出口退税出口明细申报表	张、记录	条	审单情况	机审情况
其中：增值税	元，消费税 0.00元	0.00元		授权人申明
进料应抵扣税额				（如果你已委托代理申报事宜，现授权为本纳税人的代理人申报事宜，任何与申报有关的来文件都寄与此人。
申报开具单位				
代理出口货物证明	0份、记录	0条		
代理进口货物证明	0份、记录	0条		
进料加工免税证明	0份、记录	0条		
来料加工免税证明	0份、记录	0条		
出口货物转内销证明	0份、记录	0条		授权人签字
补办报关单证明	0份、记录	0条		（盖章）
补办收汇核销单证明	0份、记录	0条		
补办代理出口证明	0份、记录	0条		
内销抵扣专用发票	0张，其他非退税专用发票	0张		年 月 日
	申报人申明		审单人：	审核人：
	此表各栏填报内容是真实、合法的，于实际出口货物情况相符。此次申报的出口业务部属于"四自三不见"等违背正常出口经营程序的出口业务。否则，本企业愿意承担由此产生的相关责任。		签批人：	
企业填表人：				
财务负责人：				
企业负责人：		（公章）	（公章）	
		年 月 日	年 月 日	年 月 日

受理人： 受理任期： 受理税务机关（签章）

代理出口核算岗训练项目—附件

附件55

1200124140 天津增值税专用发票 NO 05203456

开票日期：2013年05月08日

购货单位	名称：	天津市宏达针织厂			密码区	/>>29745<2>9+*7/6-08 ->20/8/+/3+51*1>*459 /387188/5+47>>3904-12 8>7*98-4<88/>8+59>91	加密版本：01 3200054140 09527305
	纳税人识别号：	120103158612411					
	地址、电话：	天津市西青开发区跃进路38号 346654888					
	开户行及账号：	中国工商银行天津市西青支行 87024655310000334					
货物或应税劳务名称	规格型号	单位	数量	单价	金额	税率	税额
代理运费		批		800	800	6%	48
合　计					￥800		￥48
价税合计（大写）	※捌佰肆拾捌元整				（小写）￥848		
销货单位	名称：	天津市正泰物流有限公司			备注	BP12BE01013	
	纳税人识别号：	120111297456123					
	地址、电话：	天津市塘沽区建国道24号 022-71348090					
	开户行及账号：	中国工商银行天津市塘沽支行 12300019000056788					

收款人：　　　复核：　　　开票人：翁美华　　　销货单位:(章)

1200124140 天津增值税专用发票 NO 05203456

开票日期：2013年05月08日

购货单位	名称：	天津市宏达针织厂			密码区	/>>29745<2>9+*7/6-08 ->20/8/+/3+51*1>*459 /387188/5+47>>3904-12 8>7*98-4<88/>8+59>91	加密版本：01 3200054140 09527305
	纳税人识别号：	120103158612411					
	地址、电话：	天津市西青开发区跃进路38号 346654888					
	开户行及账号：	中国工商银行天津市西青支行 87024655310000334					
货物或应税劳务名称	规格型号	单位	数量	单价	金额	税率	税额
代理运费		批		800	800	6%	48
合　计					￥800		￥48
价税合计（大写）	※捌佰肆拾捌元整				（小写）￥848		
销货单位	名称：	天津市正泰物流有限公司			备注	BP12BE01013	
	纳税人识别号：	120111297456123					
	地址、电话：	天津市塘沽区建国道24号 022-71348090					
	开户行及账号：	中国工商银行天津市塘沽支行 12300019000056788					

收款人：　　　复核：　　　开票人：翁美华　　　销货单位:(章)

附件 56

上海浦东发展银行 电汇凭证（回 单） NO.10795674

□普通 □加急　　　　委托日期　2013 年 5 月 8 日

汇款人	全称	天津泰福进出口有限公司	收款人	全称	天津正泰物流有限公司
	账号	77024655310000701		账号	12300019000056788
	汇出地点	天津市　　省　　市/县		汇入地点	天津市　　省　　市/县
	汇出行名称	12698		汇入行名称	中国工商银行天津市塘沽支行

金额	人民币 捌佰肆拾捌元整（大写）	亿 千 百 十 万 千 百 十 元 角 分
		8 4 8 0 0

支付密码

附加信息及用途：上海浦东发展银行天津分行 2013.05.08 转讫

汇出行签章　　　　　　　　　　　　　　复核：　　　　记账：

本单据一式三联，1.汇出行给汇款人的回单　2.汇出行作借方凭证　3.汇出行凭以汇出汇款

此联汇出行给汇款人的回单

附件 57

保险业专用发票
INSURANCE TRADE INVOICE

开票日期：2013 年 05 月 12 日　　　　发票联 1　　发票代码 212000832011
Date of Isure　　　　　　　　　　　　　INVOICE　　发票号码 02566734

投保人 Payer	天津泰福进口有限公司				
承保险种 Coverage	出口海洋运输货物保险				
保险单号 Policy No	6042635012009000251		批单号 End. No.		
保险费金额（大写） Premium Amount(In Words)	美元叁佰贰拾元整		（小写） (In Figures)		USD320
代收车船税（小写） Vehicle & Vessel Tax(In Figures)			滞纳金（小写） Overdue fine(In Figures)		
合计（大写） Consist(In Words)	美元叁佰贰拾元整		（小写） (In Figures)		USD320
附注 Remarks					

保险公司名称：天津市天地保险公司　　复核：刘静　　　　　经手人：吕家岭
Insurance Company
保险公司签章　　　　　　　地址：天津市河西区乐园道68号杨帆大厦　　Handler
Stamped by Insurance Company　　Add　　　　　　　　　　　　　电话：58586100　Tel:
保险公司纳税人识别号　　　　　　　　　　　　　　　　　　　　　（手写无效）
Taxpayer Identification No.　　　　　　　　　　　　　　　　Not Valid If In Hand Written

第二联 发票联 付款方留存

附件 58

天津增值税专用发票（抵扣联）

1200124140 NO 09823160

开票日期：2013年05月12日

购货单位	名称：天津泰福进出口有限公司 纳税人识别号：120103758612535 地址电话：天津市河西区珠江道118号 283654877 开户行及账号：上海浦东发展银行天津分行 77024655310000701	密码区	/>>29745<2>9+*7/6-08 ->>20/8/+/3+51*1>*459 /387188/5+47>>3904-12 8>7*98-4<88/>8+59>91	加密版本：01 3200054140 09527305

货物或应税劳务名称	规格型号	单位	数量	单价	金额	税率	税额
代理海运费		批			4 600.83	6%	276.05
合计					¥4 600.83		¥276.05

价税合计（大写）：※肆仟捌佰柒拾陆元捌角捌分　（小写）¥4 876.88

销货单位	名称：天津市正泰物流有限公司 纳税人识别号：120111297456123 地址、电话：天津市塘沽区建国道24号 022-71348090 开户行及账号：中国工商银行天津市塘沽支行 12300019000056788	备注	BP12BE01013 USD800×6.0961 发票限美金付款

收款人：　复核：　开票人：翁美华　销货单位：（章）

天津增值税专用发票（发票联）

1200124140 NO 09823160

开票日期：2013年05月12日

购货单位	名称：天津泰福进出口有限公司 纳税人识别号：120103758612535 地址电话：天津市河西区珠江道118号 283654877 开户行及账号：上海浦东发展银行天津分行 77024655310000701	密码区	/>>29745<2>9+*7/6-08 ->>20/8/+/3+51*1>*459 /387188/5+47>>3904-12 8>7*98-4<88/>8+59>91	加密版本：01 3200054140 09527305

货物或应税劳务名称	规格型号	单位	数量	单价	金额	税率	税额
代理海运费		批			4 600.83	6%	276.05
合计					¥4 600.83		¥276.05

价税合计（大写）：※肆仟捌佰柒拾陆元捌角捌分　（小写）¥4 876.88

销货单位	名称：天津市正泰物流有限公司 纳税人识别号：120111297456123 地址、电话：天津市塘沽区建国道24号 022-71348090 开户行及账号：中国工商银行天津市塘沽支行 12300019000056788	备注	BP12BE01013 USD800×6.0961 发票限美金付款

收款人：　复核：　开票人：翁美华　销货单位：（章）

附件 59

上海浦东发展银行
浦发银行 SPD BANK
购汇申请书

日期：2013 年 05 月 12 日

	申报号码	☐☐☐☐☐ ☐☐☐☐ ☐☐ ☐☐☐☐☐ ☐☐☐☐			
	银行业务编号				
客户填写	申请人名称	天津泰福进出口有限公司			
	人民币账户账号	77024655310000701			
	购汇币种及金额	USD800			
	购汇金额大写	美元 800 元整			
	☐对公 组织机构代码☐☐☐☐☐☐☐-☐		☐对私	个人身份证件号码 ☐中国居民个人 ☐中国非居民个人	
	购汇资金去向	☐入本行人民币账户	账 号		
		☐汇出汇款			
		☐其他			
	交易编码	☐☐☐☐☐☐			
	外汇局批件号/ 备案表号/ 业务编号				
	购汇用途	☐经常项目　　　　　　☐资本项目 用途说明： 支付出口海运费			
	备注				

申请人说明
1、本公司（人）向贵公司申请购汇，请审核相关资料、办理申报、按照业务处理时的即期汇率办理结汇，并授权贵行主动扣划本公司（人）的人民币账户。
2、本购汇申请书自签发日起，有效期为十天。
3、购汇申请书日期、购汇币种、购汇金额经涂改，或购汇大小写金额不一致，申请书无效。
4、本公司（人）同意办理上述货币与金额的兑换业务，并承诺交易完成后不予撤销。
5、本公司（人）保证所提供资料的真实性，并承担由此产生的一切后果及法律责任。

银行专用栏	申请人签章	银行签章
成交日期 2013-05-12		
成交汇率 6.0961	申请人姓名	核准人签字
等值人民币金额 4 876.88	电话	日期
核印：	经办	复核

第二联　客户回单联

填写前请仔细阅读背面填报说明

附件60

 浦发银行 SPD BANK

境内汇款申请书
APPLICATION FOR FUNDS TRANSFERS (DOMESTIC)

致：上海浦东发展银行
TO: SHANGHAI PUDONG DEVELOPMENT BANK

日期 Date **2013 05 13**

	✓ □电汇 T/T □票汇 D/D □信汇 M/T		发电等级 Priority	□普通 Normal □加急 Urgent
进口核销专用申报号码 BOP Reporting No.	120000 2011 62 470704 2395			
20	银行业务编号 Bank Transac. Ref. No.	PA806574	收电行/付款行 Receiver / Drawn on	
32A	汇款币种及金额 Currency & Interbank Settlement Amount	USD320	金额大写 Amount in Words	美元叁佰贰拾元整
其中	现汇金额 Amount in FX	USD320	账号 Account No./Credit Card No.	77013468810000701
	购汇金额 Amount of Purchase		账号 Account No./Credit Card No.	
	其他金额 Amount of Others		账号 Account No./Credit Card No.	
50a	汇款人名称及地址 Remitter's Name & Address	TIANJIN TIFERT IMPORT & EXPORT CO.LTD. 天津市河西区珠江道118号		
	□对公 组织机构代码 Unit Code 2 3 0 3 1 8 1 0 - 4		□对私 个人身份证件号码 Individual ID NO. □中国居民个人 Resident Individual □中国非居民个人 Non-Resident Individual	
54/56a	收款银行之代理行 名称及地址 Correspondent of Beneficiary's Bank Name & Address			
57a	收款人开户银行名称及地址 Beneficiary's Bank Name & Address	收款人开户银行在其代理行账号 Bene's Bank A/C No. 中国工商银行天津市河西区支行 河西区乐园道50号	SWIFT CODE:	
59a	收款人名称及地址 Beneficiary's Name & Address	收款人账号 Bene's A/C No. 76845432111000 天津市天地保险公司 天津市河西区乐园道68号扬帆大厦		
70	汇款附言 Remittance Information	只限140个字位 Not Exceeding 140 Characters 出口货物海运保险费	71A	国内外费用承担 All Bank's Charges If Any Are To Be Borne By □汇款人OUR □收款人BEN □共同SHA
收款人常驻国家（地区）名称及代码 Resident Country/Region Name & Code				
本笔汇款是否为进口核销项下付款	是□ 否□		最迟装运日期	
本笔汇款请选择：□预付货款 Advance Payment □货到付款 Payment Against Deliver □退款 Refund □其他 Others				
付汇性质	保税区□ 出口加工区□ 钻石交易所□ 离岸账户□ 深加工结转□ 其他□			
交易编码 BOP Transac. Code	1 0 1 0 1 0 □□□□□□	相应币种及金额 Currency & Amount	USD320	合同号	
				发票号	BP12BE01013
进口付汇备案表号 / 批件号					
	银行专用栏 For Bank Use Only	申请人签章 Applicant's Signature		银行签章 Bank's Signature	
	购汇汇率 @ Rate	6.0961	请按照贵行背页所列条款代办以上汇款并进行申报 Please Effect The Upwards Remittance, Subject To The Conditions Overleaf:		
	等值人民币 RMB Equivalent	1 950.75			
	手续费 Commission				
	电报费 Cable Charges				
	合计 Total Charges			核准人签字 Authorized Person 日期 Date 复核 Checker	
	支付费用方式 In Payment of the Remittance	□现金 by Cash □支票 by Check □账户 from Account	申请人姓名 Name of Applicant 电话 Phone No. 经办 Maker		
	核印 Sig. Ver.				

填写前请仔细阅读各联背面条款及填报说明
Please read the conditions and instructions overleaf before filling in this application

附件 61

境内汇款申请书
APPLICATION FOR FUNDS TRANSFERS (DOMESTIC)

浦发银行 SPD BANK

致:上海浦东发展银行
TO:SHANGHAI PUDONG DEVELOPMENT BANK

日期 Date: 2013 05 13

汇款方式: ✓ 电汇 T/T □ 票汇 D/D □ 信汇 M/T
发电等级 Priority: □ 普通 Normal □ 加急 Urgent

进口核销专用申报号码 BOP Reporting No.	120000 2011 62 470704 2395
20 银行业务编号 Bank Transac. Ref. No.	PA806574
收电行/付款行 Receiver / Drawn on	
32A 汇款币种及金额 Currency & Interbank Settlement Amount	USD800
金额大写 Amount in Words	美元捌佰元整
现汇金额 Amount in FX	
账号 Account No./Credit Card No.	
购汇金额 Amount of Purchase	USD800
账号 Account No./Credit Card No.	77024655310000701
其他金额 Amount of Others	
账号 Account No./Credit Card No.	
50a 汇款人名称及地址 Remitter's Name & Address	TIANJIN TIFERT IMPORT & EXPORT CO.LTD. 天津市河西区珠江道118号
☑对公 组织机构代码 Unit Code	23031810-4
□对私 个人身份证件号码 Individual ID NO.	□中国居民个人 Resident Individual □中国非居民个人 Non-Resident Individual
54/56a 收款银行之代理行名称及地址 Correspondent of Beneficiary's Bank Name & Address	
57a 收款人开户银行名称及地址 Beneficiary's Bank Name & Address	收款人开户银行在其代理行账号 Bene's Bank A/C No. / SWIFT CODE: 中国工商银行天津市塘沽支行 天津市塘沽区海河路
59a 收款人名称及地址 Beneficiary's Name & Address	收款人账号 Bene's A/C No. 12300019000056700 天津市正泰物流有限公司 天津市塘沽区建国道24号
70 汇款附言 Remittance Information	出口货物海运运输费
71A 国内外费用承担 All Bank's Charges If Any Are To Be Borne By	□汇款人 OUR □收款人 BEN □共同 SHA
收款人常驻国家(地区)名称及代码 Resident Country/Region Name & Code	
本笔付款是否为进口核销项下付款	是□ 否□ 最迟装运日期
本笔付款请选择:	□预付货款 Advance Payment □货到付款 Payment Against Delivery □退款 Refund □其他 Others
付汇性质	保税区□ 出口加工区□ 钻石交易所□ 离岸账户□ 深加工结转□ 其他□
交易编码 BOP Transac. Code	101010
相应币种及金额 Currency & Amount	USD800
合同号	
发票号	BP12BE01013
进口付汇备案表号/批件号	

银行专用栏 For Bank Use Only		申请人签章 Applicant's Signature	银行签章 Bank's Signature
购汇汇率@ Rate	6.0961	请按照贵行背页所列条款代办以上汇款并进行申报 Please Effect The Upwards Remittance, Subject To The Conditions Overleaf:	
等值人民币 RMB Equivalent	4 876.88		
手续费 Commission			
电报费 Cable Charges			
合计 Total Charges		申请人姓名 Name of Applicant	核准人签字 Authorized Person
支付费用方式 In Payment of the Remittance	□现金 by Cash □支票 by Check □账户 from Account	电话 Phone No.	日期 Date
核印 Sig. Ver.		经办 Maker	复核 Checker

填写前请仔细阅读各联背面条款及填报说明
Please read the conditions and instructions overleaf before filling in this application

附件62

Issuer TIANJIN TIFERT IMP & EXP CO, LTD. NO 118 ZHUJIANG ROAD, HEXI DISTRICT TIANJIN CHINA	天津泰福进出口有限公司 中国·天津· 珠江道 118 号	
To 山姆逊有限公司 POMPESSALMSON S. A USINE DE SAINT-MELAINE 法国里昂索恩工业区卡巴莱大道 80 号 80.BOULEVARD DE LINDUSTRIE 53005 LAVAL CEDEX LEONE FRANCE	商 业 发 票 COMMERCLAL INVOICE	
	INV NO. BP12BE01013	Date:MAY.20.2013
Transport details FROM: XINGANG, TIANJIN CHINA TO:LEONE FRANCE PER:BY SEA	S/C No. 12BE01013	L/C No.
	Terms of Payment T/T	

Marks and numbers	Number and kind of Packages; description of goods	Quantity	Unit price	Amount
	KNITTED FABRIC (200*150*80)	1000 METERS	CIF LEONE USD16 / METER	USD16000
				TOTAL: USD16000

附件 63

天津市地方税务局通用机打发票

发 票 联

发票代码 2120011304013
发票号码 1699304

开票日期：2013-5-20 10:53 行业分类：代理业

机打代码： 212001304013
机打号码： 18243542

付款方名称：	天津市宏达针织厂				付款方纳税人识别号：				
项目分类	结算项目	单位	单价	数量	结算金额	代收代付项目	单位	单价 数量	代收代付金额
代理进口	手续费	RMB	1 839.09	1.00	1 839.09				
			小计		1 839.09			小计	

金额合计大写： 人民币壹仟捌佰叁拾玖元零玖分   金额合计小写： ¥1 839.09
收款方名称： 天津泰福进口有限公司   收款方纳税人识别号： 120103550396038
开户银行：   开户银行帐号：
付款方式：   开票点名称： 天津泰福进出口有限公司开票点 0001
主管税务机关： 天津市河西区地方税务局   主管税务机关代码： 212010300
备注： 8005   开票人： 徐建

（天津市地方税务局印制，不准仿印） 第三联 发票联 手开无效

附件 64

浦发银行 SPD BANK

上海浦东发展银行 外汇会计凭证

如业务编号相同属重复打印，仅一份有效。

网点号： 7701   日期： 20130528   凭证号：

业务编号	IR770113000601	业务类型	跨境汇入汇款	起息日	
借方或付款单位	名 称		贷方或收款单位	名 称	天津泰福进出口有限公司
	账 号			账 号	77011457410000290
	币别与金额			币别与金额	USD15 870
	汇率/利率			汇率/利率	

交易描述：
报文类型：MT103   报文编号：IM9901131294438
国际收支编号：101010
付款信息：   70：RFB 16754OR130090
32：130808 USD15,870.00
50：/1390510
POMPESSALMSON S.A USINE DE SAINT-MELAINE
80. BOULEVARD DE LINDUSTRIE 53005 LAVAL CEDEX
LEONE FRANCE   71A：SHA
                                             71F or G：
                                             72：
52：IBKOKRSEXXX

打印次数：   业务流水：110202690071   会计：11047665   复核：11020269   记账：

（上海浦东发展银行天津分行营业部 业务核算章 2013.05.28）

第二联 回单联

附件 65

上海浦东发展银行
结汇申请书

日期：2013 年 05 月 28 日

	申报号码	□□□□□ □□□□ □□ □□□□□ □□□□				
客户填写	银行业务编号					
	申请人姓名	天津泰福进出口有限公司				
	外汇账户账号	77011457410000290				
	账户性质	□结算账户　□资本金账户　□外债专用账户　□其他				
	企业性质	□中资企业　　□外资企业 □其他（具体列明＿＿＿＿＿）		是否注册特殊经济区域	□是	□否
	结汇币种及金额	USD15 870				
	结汇金额大写	美元壹万伍仟捌佰柒拾元整				
	□对公　组织机构代码□□□□□□□□-□		□对私	个人身份证件号码 □中国居民个人　□中国非居民个人		
	人民币资金去向	□入本行人民币账户	账号	77024655310000701		
		□汇出汇款	收款人名称			
			收款人账号			
			收款人开户行名称			
		□其他				
	结汇资金来源	□外汇账户　　　　□汇入汇款 交易编码　□□□□□□101010				
	外汇局批件号/备案表号/业务编号					
	结汇用途	□001 支付货款　□002 支付工程款　□003 支付保证金　□004 支付咨询费　□005 支付其他服务费用 □006 预付款　□007 支付税款　□008 支付工资等劳务报酬　□009 土地出让金　□010 购房　□011 购买其他固定资产　□012 股权出资　□013 偿还银行贷款　□014 购买股票/债券/基金/信托等境内金融资产 □016 支付投资人境外证券投资本金/收益　□017 利息结汇　□018 备用金　□019 现钞　□099 其他				
	结汇详细用途	货款				

申请人说明
1、本公司（人）向贵公司申请结汇，请审核相关资料、办理申报、按照业务处理时的即期汇率办理结汇，并授权贵行主动扣划本公司（人）外汇账户。
2、本结汇申请书自签发日起，有效期为十天。
3、结汇申请书日期、结汇币种、结汇金额经涂改，或结汇大小写金额不一致，申请书无效。
4、本公司（人）同意办理上述货币与金额的兑换业务，并承诺交易完成后不予撤销。
5、本公司（人）保证所提供资料的真实性，并承担由此产生的一切后果及法律责任。

银行专用栏		申请人签章		银行签章	
成交日期	2013-05-28				
成交汇率	6.0956	申请人姓名		核准人签字	
等值人民币金额	96 737.17	电话		日期	
核印：		经办		复核	

填写前请仔细阅读背面填报说明

第二联 客户回单联

附件 66

涉外收入申报单
REPORTING FORM FOR RECEIPTS FROM ABROAD

根据《国际收支统计申报办法》(1995年8月30日经国务院批准),特制发本申报表

This reporting form is distributed according to the Regulations on Reporting of Balance of Payments statistics (Approved by The State council on august.30.1995)

国家外汇管理局和有关银行将为您的具体申报内容保密

The State Admission of Foreign Exchange (The SAFE) and The Banks Concerned Would Keep What you Reported Confidential

请按填报说明(见第二联背面)填写。
Please Report According to The instructions Overleaf

制表机关:国家外汇管理局
Authority: The SAFE

申报号码 Bop Report No.	125555 001002 130528 0022		
收款人名称 Payee	天津泰福进出口有限公司		
☑ 对公 Unit	组织机构代码 Unit Code	74030610—4	
□ 对私 Individual	个人身份证号码 ID Number		
	□ 中国居民个人 Residual Individual □ 中国非居民个人 Non-Residual Individual		
结算方式 Payment Method	□ 信用证 L/C □ 托收 Collection □ 保函 L/G ☑ 电汇 T/T □ 票汇 D/D □ 信汇 M/D □ 其他 Others		
收入款币种及金额 Currency & Amount of Receipts	USD16 000	结汇汇率 Exchange Rate	6.0956
其中 of Which	结汇金额 Amount of Sale	USD15 870	账号/银行卡号 Account No/Credit Card No.	77024655310000701
	现汇金额 Amount in FX		账号/银行卡号 Account No/Credit Card No.	
	其他金额 Amount of Others		账号/银行卡号 Account No/Credit Card No.	
国内银行扣费币种及金额 Bank's Charges inside China	USD130	国外银行扣费币种及金额 Bank's Charges outside China	
付款人名称 Payer	POMPESSALMSON S.A USINE DE SAINT-MELAINE		
付款人常驻国家(地区)名称及代码 Country/Region of Payer & Code	法国 □□□	申报日期 Rep Date	2013 05 28
如果本笔款为预收货款或退款,请选择 If Advance Receipts or Refund Please Choose	□ 预收货款 Advance Receipts	□ 退款 Refund	
本笔款项是否为保税货物项下收入	□ 是	☑ 否	
外汇局批件号 / 备案表号 / 业务编号			
收入类型	□ 福费廷 □ 出口保理 □ 出口押汇 □ 出口贴现 □ 其他		
交易编码 BOPT Code	101010 101010	相应币种及金额 Currensy&Amount	USD15 870	交易附言 Transac.Remark	一般贸易收入
填报人签章 Signature or Stamp and Reporter		填报人电话 Phone No. of Reporter	
收款人章	银行经办人签章	时间	银行业务编号 00418

第二联 申报主体留存联

附件 67

代理出口结算单

制单：　　　　　日期：　年　月　日

委托客户	天津宏达针织厂		出口国别：法国	
合同号	12BE01013	出口发票号	BP12BE01013	价格条款： CIF　LEONE
商品名称	针织布		商品数量	1 000 米
销售金额	USD16000	@6.0920	人民币：	
扣除费用	海运费： 国内运费： 银行费用： 保险费： 其他费用：(加：汇兑收益) 代理手续费：			
实际划拨净额				

附件 68

(如果是代理出口业务,申报出口退税时附此证明)

代理出口货物证明

No.0700004360

受托企业名称(共章)	天津泰福进出口有限公司		委托企业名称	天津市宏达针织厂		
受托企业代码	18207		委托企业纳税人识别号	12010315861241		委托(代理)出口合同号
报关单号	出口日期	出口商品代码	出品商品名称	计量单位	数量	离岸价格	币别
52782075601 0	2013/5/20	3926200000	针织布	米	1 000	14 880	美元	12BE01013

主管出口退税税务机关审核意见

经办人:张树海 科(所)长: 负责人: (公章)

2013 年 5 月 29 日 年 月 日 年 月 日

代理出口核算岗训练项目二附件

附件 69

TIANJIN TIFERT IMPORT & EXPORT CO., LTD.
NO.118，ZHUJIANG ROAD,TIANJIN,CHINA.

INVOICE

FAX: 86-22-28362660 **DATE:** NOV.1.2013
INV.NO. TTW50024/2013C
TEL: 86-22-28366660 **S/C No.** 2013TW024R

From BEIJING **to** HEATHROW
To: J.STYLES (TOYS)LTD.

DESCRIPTION			AMOUNT
MONOPOLY BAG			CIF HEATHROW
ART NO.	PACKAGES	QNTY	UNIT PRICE
MONOPOLY BAG	6CTNS	15 000PCS @ USD2.71/PC	USD4 065.00
90mmOW ×140mmOL			
TOTAL:	6CTNS	15 000PCS	USD4 065.00

TOTAL : PACKED IN 6CTNS
G.W. 72KGS
N.W. 66.1KGS

SHIPPING MARKS: JSTT

TIANJIN TIFERT IMPORT & EXPORT CO., LTD.

附件 70

浦发银行 SPD BANK
上海浦东发展银行 外汇会计凭证
跨境汇入汇款

网点号: 7701　　日期: 20131101

业务编号	IR7701130006013	业务类型			凭证号
借方或付款单位	名称		贷方或收款单位	名称	天津赛福进出口有限公司
	账号			账号	77011457410000290
	币别与金额			币别与金额	USD4 065
	汇率/利率			汇率/利率	
交易描述	报文类型: MT103　　报文编号: IM99011311294438　　起息日:				
	国际收支编号: 101010				
	付款信息:				
	32: 130808　USD4065.00				
	50: J. STYLES (TOYS) LTD.				
	70: RFB 167540R1300902				
	71A: SHA				
	71F or G:				
	72:				
	52: IBKOKRSEXXX				

打印次数:　　业务流水: 11020269071　　合计: 11047665　　复核: 11020269　　记账:

如业务编号相同属重复打印, 仅一份有效。

（印章）浦东发展银行天津分行营业厅 业务核算章 2013.11.01

附件 71

上海浦东发展银行
结汇申请书

日期：2013 年 11 月 01 日

客户填写	申报号码	□□□□□□ □□□□ □□ □□□□□□ □□□□			
	银行业务编号				
	申请人姓名	天津泰福进出口有限公司			
	外汇账户账号	77011457410000290			
	账户性质	□结算账户 □资本金账户 □外债专用账户 □其他			
	企业性质	□中资企业 □外资企业 □其他（具体列明＿＿＿＿）	是否注册特殊经济区域	□是	□否
	结汇币种及金额	USD4 065			
	结汇金额大写	美元肆仟零陆拾伍元整			
	□对公 组织机构代码□□□□□□□-□		□对私	个人身份证件号码 □中国居民个人 □中国非居民个人	
	人民币资金去向	□入本行人民币账户	账号	77024655310000701	
		□汇出汇款	收款人名称		
			收款人账号		
			收款人开户行名称		
		□其他			
	结汇资金来源	□外汇账户 □汇入汇款 交易编码 □□□□□□101010			
	外汇局批件号/备案表号/业务编号				
	结汇用途	□001 支付货款 □002 支付工程款 □003 支付保证金 □004 支付咨询费 □005 支付其他服务费用 □006 预付款 □007 支付税款 □008 支付工资等劳务报酬 □009 土地出让金 □010 购房 □011 购买其他固定资产 □012 股权出资 □013 偿还银行贷款 □014 购买股票/债券/基金/信托等境内金融资产 □016 支付投资人境外证券投资本金/收益 □017 利息结汇 □018 备用金 □019 现钞 □099 其他			
	结汇详细用途	货款			

申请人说明
1、本公司（人）向贵公司申请结汇，请审核相关资料、办理申报、按照业务处理时的即期汇率办理结汇，并授权贵行主动扣划本公司（人）外汇账户。
2、本结汇申请书自签发日起，有效期为十天。
3、结汇申请书日期、结汇币种、结汇金额经涂改，或结汇大小写金额不一致，申请书无效。
4、本公司（人）同意办理上述货币与金额的兑换业务，并承诺交易完成后不予撤销。
5、本公司（人）保证所提供资料的真实性，并承担由此产生的一切后果及法律责任。

银行专用栏	申请人签章	银行签章
成交日期 2013-11-01	申请人姓名	核准人签字
成交汇率 6.0485	电话	日期
等值人民币金额 24 587.15		
核印：	经办	复核

填写前请仔细阅读背面填报说明

第二联 客户回单联

附件 72

代理出口结算单

委托客户			出口国别:	
合约号		出口发票号		价格条款:
商品名称			商品数量	
销售金额			人民币:	
扣除费用				
实际划拨净额				

制单:　　　　　　　　日期:　年　月　日

自营进口核算岗训练项目—附件

附件 74

特 种 转 账 借 方 传 票

2013 年 03 月 02 日　　　　　　　　报单号码

付款单位	全　称	天津泰福进出口有限公司	收款单位	全　称	天津泰福进出口有限公司										
	账号或地址	77013468810000204		账号或地址	88010158600000101										
	开户银行	浦发	行号		开户银行	浦发		行号							
金　额		人民币陆仟陆佰肆拾叁元柒角贰分			十亿	千	百	十万	千	百	十	元	角	分
						U	S	D	6	6	4	3	7	2
	罚　款赔偿金号　码		科目:(借) 对方科目:(贷) 会计　　复核											
(银行盖章)														

上海浦东发展银行天津分行
营业部
2013.03.02
转讫
(4)

记账 高雯　制票 高雯

附件 75

上海浦东发展银行股份有限公司外汇业务 借记通知
日期：2013 年 03 月 02 日

付 款 人：	天津泰福进出口有限公司	起息日：2013-03-02
账 号：	7702465531000701	
业务编号：	JS77010700002590	
摘 要：	信用证开立 发票号：A20130310-34C	
	手续费：RMB300.00 电报费：RMB300.00	金 额：RMB600.00
金 额：	人民币陆佰元整	

（印章：上海浦东发展银行天津分行 营业部 2013.03.02 转讫(45)）

经办：刘遥　　复核：陈楚　　打印日期：2013-03-02　　　（银行盖章）

附件 76

保险业专用发票
INSURANCE TRADE INVOICE

开票日期： 2013 年 03 月 10 日　　　发票联　　发票代码 212000832011
Date of Isure　　　　　　　　　　　INVOICE　　发票号码 01166685

投保人： Payer	天津泰福进口有限公司			
承保险种： Coverage	出口海洋运输货物保险			
保险单号： Policy No	6042635012009000351	批单号： End. No.		
保险费金额（大写）： Premium Amount(In Words)	美元陆佰元整		（小写） (In Figures)	USD 600
代收车船税（小写） Vehicle & Vessel Tax(In Figures)		滞纳金（小写） Overdue fine(In Figures)		
合计（大写） Consist(In Words)	美元陆佰元整		（小写） (In Figures)	USD 600
附注： Remarks				

保险公司名称：天津市天地保险公司　　复核：刘静　　　　经手人：吕家岭
Insurance Company　　　　　　　　　Checked by　　　　　Handler
保险公司签章　　　　　　　　　　地址：天津市河西区乐园道 68 号银河大厦　电话：58586100
Stamped by Insurance Company　　Add　　　　　　　　　　　　　　　　　Tel
保险公司纳税人识别号　　　　　　　　　　　　　　　　　　　　　　（手写无效）
Taxpayer Identification No.　　　　　　　　　　　　　　　　Not Valid If In Hand Written
开户行：中国银行天津市分行
账　号：273260067897

附件 77

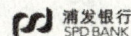

境 内 汇 款 申 请 书
APPLICATION FOR FUNDS TRANSFERS (DOMESTIC)

致:上海浦东发展银行
TO:SHANGHAI PUDONG DEVELOPMENT BANK

日期 Date _____

		☑电汇 T/T ☐票汇 D/D ☐信汇 M/T		发电等级 Priority	☐普通 Normal	☐加急 Urgent
进口核销专用申报号码 BOP Reporting No.		120000	2011	62	470704	2395
20	银行业务编号 Bank Transac. Ref. No.	PA186437		收电行/付款行 Receiver / Drawn on		
32A	汇款币种及金额 Currency & Interbank Settlement Amount			金额大写 Amount in Words		
其 中	现汇金额 Amount in FX			账号 Account No./Credit Card No.		
	购汇金额 Amount of Purchase			账号 Account No./Credit Card No.		
	其他金额 Amount of Others			账号 Account No./Credit Card No.		
50a	汇款人名称及地址 Remitter's Name & Address					
☐对公 组织机构代码 Unit Code			☐对私	个人身份证件号码 Individual ID NO. ☐中国居民个人Resident Individual ☐中国非居民个人Non-Resident Individual		
54/56a	收款银行之代理行 名称及地址 Correspondent of Beneficiary's Bank Name & Address					
57a	收款人开户银行名称及地址 Beneficiary's Bank Name & Address	收款人开户银行在其代理行账号 Bene's Bank A/C No.		SWIFT CODE:	SPDBCNTJ770	
59a	收款人名称及地址 Beneficiary's Name & Address	收款人账号 Bene's A/C No. 706889000001231				
70	汇款附言 Remittance Information	只限140个字位 Not Exceeding 140 Characters		71A	国内外费用承担 All Bank's Charges If Any Are To Be Borne By ☐汇款人OUR ☐收款人BEN ☐共同SHA	
收款人常驻国家(地区)名称及代码 Resident Country/Region Name & Code						
本笔付款是否为进口核销项下付款		是 ☐	否 ☐	最迟装运日期		
本笔汇款请选择: ☐预付货款 Advance Payment ☐货到款 Payment Against Delivery ☐退款 Refund ☐其他 Others						
付汇性质	保税区 ☐	出口加工区 ☐	钻石交易所 ☐	离岸账户 ☐	深加工结转 ☐	其他 ☐
交易编码 BOP Transac. Code	101010 ☐☐☐☐☐☐	相应币种及金额 Currency & Amount		合同号 发票号		
外汇局批件号 / 备案号 / 业务编号						
银行专用栏 For Bank Use Only		申请人签章 Applicant's Signature		银行签章 Bank's Signature		
购汇汇率 Rate	6.1120	请按照贵行背页所列条款代办以上汇款并进行申报 Please Effect The Upwards Remittance, Subject To The Conditions Overleaf:				
等值人民币 RMB Equivalent	3 667.20					
手续费 Commission						
电报费 Cable Charges						
合计 Total Charges	3 667.20	申请人姓名 Name of Applicant		核准人签字 Authorized Person		
支付费用方式 In Payment of the Remittance	☐现金 by Cash ☐支票 by Check ☐账户 from Account	电话 Phone No.		日期 Date		
核印 Sig. Ver.		经办 Maker		复核 Checker		

填写前请仔细阅读各联背面条款及填报说明
Please read the conditions and instructions overleaf before filling in this application

第三联 申报主体留存联

附件78

 **上海浦东发展银行**
购汇申请书

日期： 年 月 日

申报号码	□□□□□□ □□□□ □□ □□□□□□ □□□□	
银行业务编号		

<table>
<tr><td rowspan="11">客户填写</td><td colspan="3">申请人名称</td><td></td></tr>
<tr><td colspan="3">人民币账户账号</td><td></td></tr>
<tr><td colspan="3">购汇币种及金额</td><td></td></tr>
<tr><td colspan="3">购汇金额大写</td><td></td></tr>
<tr><td colspan="2">□对公 组织机构代码□□□□□□□□-□</td><td>□对私</td><td>个人身份证件号码
□中国居民个人　　□中国非居民个人</td></tr>
<tr><td rowspan="3">购汇资金去向</td><td>□入本行人民币账户</td><td>账　号</td><td></td></tr>
<tr><td>□汇出汇款</td><td colspan="2"></td></tr>
<tr><td>□其他</td><td colspan="2"></td></tr>
<tr><td colspan="2">交易编码</td><td colspan="2">□□□□□□</td></tr>
<tr><td colspan="2">外汇局批件号/备案表号/业务编号</td><td colspan="2"></td></tr>
<tr><td>购汇用途</td><td colspan="3">□经常项目　　　　　　□资本项目
用途说明：</td></tr>
<tr><td>备注</td><td colspan="3"></td></tr>
</table>

申请人说明：
1、本公司（人）向贵公司申请购汇，请审核相关资料、办理申报、按照业务处理时的即期汇率办理结汇，并授权贵行主动扣划本公司（人）的人民币账户。
2、本购汇申请书自签发日起，有效期为十天。
3、购汇申请书日期、购汇币种、购汇金额经涂改，或购汇大小写金额不一致，申请书无效。
4、本公司（人）同意办理上述货币与金额的兑换业务，并承诺交易完成后不予撤销。
5、本公司（人）保证所提供资料的真实性，并承担由此产生的一切后果及法律责任。

银行专用栏	申请人签章	银行签章
成交日期 2013-03-10		
成交汇率 6.1120	申请人姓名	核准人签字
等值人民币金额 3 667.20	电话	日期
核印：	经办	复核

填写前请仔细阅读背面填报说明

第二联　客户回单联

附件 79

INVOICE

INVOICE NO.: A20130310-34C
INVOICE DATE: 03/15/2013
PAGE: 1

BILL TO:
TIANJIN TIFERT IMPRT&
EXPORT CORP.
MR ZHANGWEN
NO.86 Zhujiang ROAD HEXI DIST
TIANJIN CHINA 300221

SHIP TO:
TIANJIN TIFERT IMPRT&
EXPORT CORP.
MR ZHANGWEN
NO.86 Zhujiang ROAD HEXI DIST
TIANJIN CHINA 300221

SALES ORDER NO	ORDER DATE	CREDIT TERMS	SHIP VIA	TERMS
U07SG078019508	03/12/2013	ADVANCE PAYMENT	AIR	FOB SINGARPORE

PRODUCT DESCRIPTION	QUANTITY	UNIT PRICE	TOTAL AMOUNT
检测仪(ARMARIUM)			
Model:76A	1 SET	USD 22 135.00	
Model:84B	1 SET	USD 11 083.60	
			USD 33 218.60

TOTAL: US DOLLARS THIRTY THREE THOUSAND TWO HUNDRED EIGHTEEN AND SIXTY CENTS ONLY

附件 80

上海浦东发展银行股份有限公司外汇业务　借记通知
日期：2013 年 03 月 15 日

付　款　人：天津泰福进出口有限公司	起息日：2013-03-15
账　　　号：77024655310000701	
业务编号：JS77010700003824	
摘　　　要：货款（80%）合同号：20130310-34C	金　额：RMB161 931.38
金　　　额：人民币壹拾陆万壹仟玖佰叁拾壹元叁角捌分	
经办：刘遥　　复核：陈楚　　打印日期：2013-03-15	（银行盖章）

（印章：上海浦东发展银行天津分行营业部 2013.03.15 转讫(45)）

附件 81

上海浦东发展银行股份有限公司外汇业务　借记通知
日期：2013 年 03 月 15 日

付　款　人：天津泰福进出口有限公司	起息日：2013-03-15
账　　　号：88010158600000101（外汇保证金户）	
业务编号：JS77010700003825	
摘　　　要：货款(20%) 合同号：20130310-34C	金　额：USD6 643.72
金　　　额：美元陆仟陆佰肆拾叁元柒角贰分	
经办：刘遥　　复核：陈楚　　打印日期：2013-03-15	（银行盖章）

（印章：上海浦东发展银行天津分行营业部 2013.03.15 转讫(45)）

收入系统：税务系统

天津海关 进口关税 专用缴款书 (1303)

填发日期：2013 年 03 月 16 日　　号码 No3207201303160356631 A01

收款机关	中央金库		名称	天津泰淳进出口有限公司 天津海天科技开发公司
科 目	进口关税	预算级次	中央	号	
收款国库	橄治支库		开户银行	上海浦东发展银行天津分行
			账号	77024655310000701

税号	货物名称	数量	单位	完税价格（￥）	税率（%）	税款金额（￥）
8608228000	检测仪 76A	1.00	台	136 705.43	4.0000	5 468.22
	检测仪 84B	1.00	台	69 364.83	4.0000	2 774.59
				合计（￥）		8 242.81

人民币金额（大写）捌仟贰佰肆拾贰元捌角壹分

申请单位编号	120877005	报关单编号	020330067104168002	填制单位 收款国库（银行）
合同（批文）号		运输工具（号）	270065	制单人 12378
缴款期限	2013 年 3 月 31 日	提/装货单号	ALHP190015163	复核人

备注 一般贸易 照章征税 2013-4-1 国际代码 12010172295673JUSD

从填发缴款书之日起限 15 日内缴纳（期末遇法定节假日顺延，逾期按日征收税款总额万分之五的滞纳金）。

天津海关 进口增值税 专用缴款书 (1303)

收入系统：税务系统
填发日期：2013 年 03 月 16 日
号码 No 32072013031603 5632 L02

收款单位	收税机关	中央金库					
	科目	进口增值税	预算级次	中央			
	收款国库	槠冶支库					
	税号	货物名称	数量	单位	完税价格（¥）	税率(%)	税款金额（¥）
	8608228000	检测仪76A	1.00	台	142 173.65	17.0000	24 169.52
		检测仪84B	1.00	台	72 139.42	17.0000	12 263.70

缴款单位	名称	天津泰福进出口有限公司
	账号	7702465531 0000 701
	开户银行	上海浦东发展银行天津分行

金额人民币（大写）叁万陆仟肆佰叁拾叁元贰角贰分　　合计（¥）　36 433.22

申请单位编号	02033006710416 8002	填制单位	收款国库（银行）
合同（批文）号	270065	制单人 123789	
缴款期限	2013 年 3 月 31 日	复核人	

备注 一般贸易 照章征税 2013-4-1 国际代码 12010172295 6733USD

从填发缴款书之日起限 15 日内缴纳（期末遇法定节假日顺延），逾期按日征收税款总额万分之五的滞纳金

第一联：收据 国库收款签章后缴款单位或缴纳人

附件 84

天津泰福进出口有限公司
（进口）商品入库通知单

制单 2013年3月17日　　进仓 2013年3月17日　　编号 005

品名	规格	单位	件数	每件重量	重量/数量	单价	金额											发站
							亿	千	百	十	万	千	百	十	元	角	分	
检测仪	76A	台	1								1	4	2	1	7	9	2	3
	84B	台	1									7	2	1	4	5	0	0
合计		台	2								¥	2	1	4	3	2	4	2	3

备注	车号：	合同号：	大写金额：人民币贰拾壹万肆仟叁佰壹拾叁元零柒分
	仓位：		说明：
		其他参考号：	本表3联：1. 业务留底；2. 财务留存；3. 备用联

　　制单　　　　　　　　　复核　　　　　　　　　业务：王威

附件 85

天津泰福进出口有限公司
自营进口业务结算单

付款单位：　　　　　　　　　　　　　　　　　制单日期　　年　月　日

品名：		开户银行		帐号		备注
数量	净重	货　价	@		RMB	
	毛重					
国别或地区		价格条件	（CIF.C&F.FOB）			
合　同　号		运　费	@		RMB	
国外发票号		保险费	%		RMB	
运输方式　海运		银行费用			RMB	
船名或车号		进口关税	%		RMB	
提　单　号		增值税款	%		RMB	
装货日期		财务费	%		RMB	
装货口岸						
到货港口　新港		合　　计			RMB	
合计人民币		大　　写				

　　部门经理　　　　　　　　　复核　　　　　　　　　制单

附件86

1200124140 天津增值税专用发票 NO 04523555

开票日期：2013年03月15日

购货单位	名称	天津泰福进出口有限公司	密码区	/>>29745<2>9+*7/6-08 ->20/8/+/3+51*1>*459 /387188/5+47>>3904-12 8>7*98-4<88/>8+59>91	加密版本：01 3200054140 09527305
	纳税人识别号：120103758612535				
	地址电话：天津市河西区珠江道118号 283654877				
	开户行及账号：上海浦东发展银行天津分行 77024655310000701				

货物或应税劳务名称	规格型号	单位	数量	单价	金额	税率	税额
运费		批		2 000	2 000	6%	120
合计					¥2 000		¥120

价税合计（大写） ※ 贰仟壹佰贰拾元整   （小写）¥2 120

销货单位	名称：天津市正泰物流有限公司	备注	A20130310-34C
	纳税人识别号：120111297456123		
	地址、电话：天津市塘沽区建国道24号 022-71348090		
	开户行及账号：中国工商银行天津市塘沽支行 12300019000056788		

收款人：   复核：   开票人：翁美华   销货单位：（章）

第二联：抵扣联 购货方扣税凭证

1200124140 天津增值税专用发票 NO 04523555

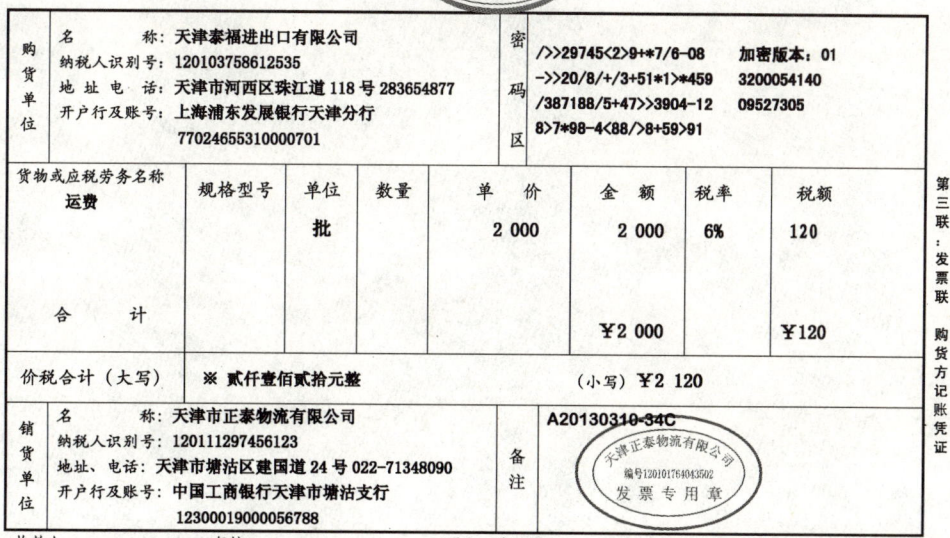

开票日期：2013年03月15日

购货单位	名称	天津泰福进出口有限公司	密码区	/>>29745<2>9+*7/6-08 ->20/8/+/3+51*1>*459 /387188/5+47>>3904-12 8>7*98-4<88/>8+59>91	加密版本：01 3200054140 09527305
	纳税人识别号：120103758612535				
	地址电话：天津市河西区珠江道118号 283654877				
	开户行及账号：上海浦东发展银行天津分行 77024655310000701				

货物或应税劳务名称	规格型号	单位	数量	单价	金额	税率	税额
运费		批		2 000	2 000	6%	120
合计					¥2 000		¥120

价税合计（大写） ※ 贰仟壹佰贰拾元整   （小写）¥2 120

销货单位	名称：天津市正泰物流有限公司	备注	A20130310-34C
	纳税人识别号：120111297456123		
	地址、电话：天津市塘沽区建国道24号 022-71348090		
	开户行及账号：中国工商银行天津市塘沽支行 12300019000056788		

收款人：   复核：   开票人：翁美华   销货单位：（章）

第三联：发票联 购货方记账凭证

上海浦东发展银行 电汇凭证（回单） NO.10795674

□普通 □加急

汇款人	全称		收款人	全称	
	账号			账号	
	汇出地点	省 市/县		汇入地点	省 市/县
汇出行名称		12698	汇入行名称		

委托日期 年 月 日

金额 人民币（大写）

支付密码

附加信息及用途：

汇出行签章

（印章：上海浦东发展银行天津分行 转讫 2013.03.18）

本单据一式三联，1.汇出行给汇款人的回单 2.汇出行作借方凭证 3.汇出行凭以汇出汇款

此联汇出行给汇款人的回单

记账： 复核：

附件87

天津增值税专用发票

NO 05523071

开票日期：2013年03月25日

1200124140

		名 称：	天津市海天科技开发公司	密	/＞＞29745＜2＞9+*7/8-08	加密版本：01
购货单位		纳税人识别号：	12010410316105	码	-＞＞20/8/+/3+51*1＞*459	3200054140
		地 址、电 话：	南开区鞍山西路瑞科大厦15号 26343618	区	/387188/5-47＞＞3904-12	09527305
		开户行及账号：	农行鞍山西道支行 02-207788040055665		8＞7*98-4＜88/＞8+59＞91	

货物或应税劳务名称	规格型号	单位	数量	单 价	金 额	税率	税额
合 计	※						

价税合计（大写）				（小写）	

		名 称：	天津泰福进出口有限公司	备	
销货单位		纳税人识别号：	12010375861253		
		地 址、电 话：	天津市河西区珠江道118号 28365487	注	
		开户行及账号：	上海浦东发展银行天津分行 77024655310000701		

收款人： 　　　　　复核：　　　　　开票人：　　　　　销货单位：（章）

第一联..记账联 销货方记账凭证

附件 89

天津泰福进出口有限公司
（进口）商品出库通知单

制单　2013年3月25日　　　进仓　2013年3月25日　　　编号 005

品名	规格	单位	件数	每件重量	重量/数量	单价	金额 亿 千 百 十 万 千 百 十 元 角 分											发站
检测仪	76A	台	1								1	4	2	1	7	9	2	3	
	84B	台	1									7	2	1	4	5	0	0	
合计		台	2							※	2	1	4	3	2	4	2	3	

备注	车号：　　合同号： 仓位： 　　　其他参考号：	大写金额：人民币贰拾壹万肆仟叁佰壹拾叁元零柒分 说明： 本表3联：1.业务留底；2.财务留存；3.备用联

制单　　　　复核　　　　业务：王威

附件 90

未交增值税结转表
2013 年 03 月 31 日

项　　目	栏次	金额
本期销项税	1	
本期进项税	2	
本期进项税额转出	3	
本期应抵扣税额	4＝2－3	
本期应纳税金额或尚未抵扣金额	5＝1－4	
	6	
	7	
转出未交增值税合计	8＝5	

附件 91

增值税附税计算单
2013 年 03 月 31 日

应交税费明细项目	计算依据	金额	税(费)率	应纳税(费)额
城市维护建设税	增值税		7%	
教育费附加	增值税		3%	
地方教育费附加	增值税		2%	
防洪费	增值税		1%	
合　计		——	——	

附件92

上海浦东发展银行电子缴税付款凭证

转账日期：2013年04月08日　　　　　　　　　　　凭证字号：*2013040809365471*

纳税人全称及纳税人识别号：	天津泰福进出口有限公司		120103758612535	
付款人全称：*天津泰福进出口有限公司*				
付款人账号：*7702465310000701*				
付款人开户行：*浦发银行天津分行*		征收机关名称：*天津市河西区国税局*		
小写（合计）金额：￥5 464.98		收缴国库（银行）名称：*河西区支库*		
大写（合计）金额：*伍仟肆佰陆拾肆元玖角捌分*		缴纳书交易流水号：*2100070029700000001*		
		税票号码：*2100070029700000001*		
税（费）种名称	所属日期		实缴金额	
增值税	20130301-20130331		￥5 464.98	
第*1*次打印		打印时间：2013年04月08日13时35分		

第二联 作付款回单（无银行收讫章无效）　　复核　　记账

附件93

上海浦东发展银行电子缴税付款凭证

转账日期：2013年04月08日　　　　　　　　　　　凭证字号：*2010121009365472*

纳税人全称及纳税人识别号：	天津泰福进出口有限公司		120103758612535
付款人全称：*天津泰福进出口有限公司*			
付款人账号：*7702465310000701*			
付款人开户行：*浦发银行天津分行*		征收机关名称：*天津市河西区国税局*	
小写（合计）金额：￥710.45		收缴国库（银行）名称：*河西区支库*	
大写（合计）金额：*贰万零贰佰贰拾伍元整*		缴纳书交易流水号：*2100070029700000002*	
		税票号码：*2100070029700000002*	
税（费）种名称	所属日期		实缴金额
城建税	20130301-20130331		382.55
教育费附加	20130301-20130331		163.95
地方教育费附加	20130301-20130331		109.30
防洪税	20130301-20130331		54.65
第*1*次打印		打印时间：2013年04月08日13时36分	

第二联 作付款回单（无银行收讫章无效）　　复核　　记账

主要进口商品销售成本及盈亏表

会 商(贸)05表

编制单位：　　　　　　　　　　　　　　　　　　　　　　　　　　　　　　　　　　金额单位：人民币万元(以下两位小数)
　　万美元(以下两位小数)
　　人民币元(以下两位小数)

商品名称	计量单位	销售数量	销售收入		总值	销售总成本				进口关税及消费税	进口费用	销售税金及附加	盈亏额			
			单位(元)	金额		商品进价			合计				本年		上年同期	
						国外进价		人民币金额					单位盈亏	总额	单位盈亏	总额
						美元单价	美元金额									
1	2	3	4	6	7	9	10	11	8	12	13	14	17	18	19	20
合计																

财务负责人：　　　　　　　　　　　　　　　复核人：　　　　　　　　　　　　　　　填表人：

附件 94

Pro Forma Invoice

The Buyers: **TINAJIN TIFERT IMPORT AND EXPORT CO.LTD**
NO118.S.ZHU JIANG ROAD, TINAJIN CHINA

Contract No: **13060118C**
Date: **01ST June 2013**

The Sellers: **HELVOET PHARMA ITALY S.R.L**
ITALIAN BRANCH
VIALE DELL'INDUSTRIA 7
1-200 10 Pregnana Mil.Se(M1)Italy

For Hengrui

Item	Description	Q'ty(pcs)	Ex-Works
1	20mm rubber stopper V9154 FM259/0 OMNI+1TL1E	175 970	EUR 126.70/1000
	Origin Beiguim	Total:	EUR 22 296.40[CIF]

Shipment: By sea
Pick up: 20th July 2013
Port of loading: European port
Port of Destination: Shanghai port
Packaging: As per seller's usual packing way, Packaging must be strong enough to shand long Distance transportation.

Payment terms: T/T payment in advance

The Buyers:
TINAJIN TIFERT IMPORT AND EXPORT CO.LTD
N.V.

The sellers:

HELVOTE PHARMA BELGIUM

ITALIAN BRANCH
V.Ledell'Industria.7
1-20010 PREGNANA MILANESE (M1)

附件 95

浦发银行 SPD BANK

境外汇款申请书
APPLICATION FOR FUNDS TRANSFERS (OVERSEAS)

致：上海浦东发展银行
TO: SHANGHAI PUDONG DEVELOPMENT BANK

日期 Date 2013 06 01

	☒ 电汇 T/T ☐ 票汇 D/D ☐ 信汇 M/T	发电等级 Priority	☐ 普通 Normal ☐ 加急 Urgent

申报号码 BOP Reporting No.		120000 2011 62 470704 2395		
20	银行业务编号 Bank Transac. Ref. No.	PA186437	收电行/付款行 Receiver / Drawn on	
32A	汇款币种及金额 Currency & Interbank Settlement Amount	EUR22 296.40	金额大写 Amount in Words	
其中	现汇金额 Amount in FX		账号 Account No./Credit Card No.	
	购汇金额 Amount of Purchase	EUR22 296.40	账号 Account No./Credit Card No.	77024655310000701
	其他金额 Amount of Others		账号 Account No./Credit Card No.	
50a	汇款人名称及地址 Remitter's Name & Address	TIANJIN TIFERT IMPORT & EXPORT CO.LTD. NO.118 ZHUJIANG RD HEXI DISTRICT, TIANJIN CHINA		
	☐对公 组织机构代码 Unit Code 74030610-4		个人身份证件号码 Individual ID NO. ☐对私 ☐中国居民个人 Resident Individual ☐中国非居民个人 Non-Resident Individual		
54/56a	收款行之代理行 名称及地址 Correspondent of Beneficiary's Bank Name & Address			
57a	收款人开户银行名称及地址 Beneficiary's Bank Name & Address	收款人开户银行在其代理账号 Bene's Bank A/C No. BANCA DI ROMA spa 罗马银行 V.Minghetti,17 -00187 ROMA	SWIFT CODE:	
59a	收款人名称及地址 Beneficiary's Name & Address	收款人账号 Bene's A/C No. 180825577 HELVOET PHARMA ITALY S.R.L ITALIAN BRANCH V.Le dell'Industria.7 1-200 10 Pregnana Mil.Se(M1)Italy		
70	汇款附言 Remittance Information	只限140个字位 Not Exceeding 140 Characters 进口货款	71A 国内外费用承担 All Bank's Charges If Any Are To Be Borne By ☐汇款人OUR ☐收款人BEN ☐共同SHA	
	收款人常驻国家(地区)名称及代码 Resident Country/Region Name & Code		意大利 380	
	请选择：☐预付货款 Advance Payment ☐货到付款 Payment Against Delivery ☐退款 Refund ☐其他 Others		最迟装运日期	
	交易编码 BOP Transac. Code	101010 ☐☐☐☐☐☐	相应币种及金额 Currency & Amount EUR22 296.40	交易附言 Transac.Remark 货款
	是否为进口核销项下付款	☐是 ☐否	合同号 13060118C	发票号
	外汇局批件号 / 备案表号 / 业务编号			

银行专用栏 For Bank Use Only		申请人签章 Applicant's Signature	银行签章 Bank's Signature
购汇汇率 @ Rate	8.3017	请按照贵行背页所列条款代办以上汇款并进行申报 Please Effect The Upwards Remittance, Subject To The Conditions Overleaf:	
等值人民币 RMB Equivalent			
手续费 Commission			
电报费 Cable Charges			
合计 Total Charges			
支付费用方式 In Payment of the Remittance	☐现金 by Cash ☐支票 by Check ☐账户 from Account	申请人姓名 Name of Applicant 电话 Phone No.	核准人签字 Authorized Person 日期 Date
核印 Sig. Ver.		经办 Maker	复核 Checker

填写前请仔细阅读各联背面条款及填规说明
Please read the conditions and instructions overleaf before filling in this application

附件 96

上海浦东发展银行
购汇申请书

日期：2013 年 06 月 01 日

客户填写		
申报号码	□□□□□□ □□□□ □□ □□□□□□ □□□□	
银行业务编号		
申请人名称	天津泰福进出口有限公司	
人民币账户账号	77024655310000701	
购汇币种及金额	EUR22 296.40	
购汇金额大写		
□对公 组织机构代码□□□□□□□□-□	□对私 个人身份证件号码 □中国居民个人 □中国非居民个人	
购汇资金去向	□入本行人民币账户 / □汇出汇款 / □其他	账 号 180825577
交易编码	□□□□□□	
外汇局批件号/备案表号/业务编号		
购汇用途	□经常项目 □资本项目 用途说明：进口货款	
备注		

申请人说明
1、本公司（人）向贵公司申请购汇，请审核相关资料、办理申报、按照业务处理时的即期汇率办理结汇，并授权贵行主动扣划本公司（人）的人民币账户。
2、本购汇申请书自签发日起，有效期为十天。
3、购汇申请书日期、购汇币种、购汇金额经涂改，或购汇大小写金额不一致，申请书无效。
4、本公司（人）同意办理上述货币与金额的兑换业务，并承诺交易完成后不予撤销。
5、本公司（人）保证所提供资料的真实性，并承担由此产生的一切后果及法律责任。

银行专用栏	申请人签章	银行签章
成交日期 20130601		
成交汇率 8.3017	申请人姓名	核准人签字
等值人民币金额	电话	日期
核 印：	经办	复核

填写前请仔细阅读背面填报说明

第二联 客户回单联

天津增值税专用发票

NO 00976709

1200084140

开票日期：2013 年 06 月 02 日

购货单位	名　称：天津市启恒科技开发公司 纳税人识别号：12011760084 1006 地　址、电　话：天津华苑产业园区物华道 A 座 电话：28404812 开户行及账号：工商银行华苑分理处 03020608091 12969621		密 码 区	3727 1913+*7/6-08***8<1 ->>20/8/+/3+51*1>*459 加密版本：01 /387188/5+47>>3904-12 1200054140 -1171-/>>6261*/+>>59 03795508	
货物或应税劳务名称	规格型号	单位	数量	单价	金额	税率	税额
橡胶制玻璃瓶塞		个	175 970	0.5400	95 032.16	17%	16 155.47
价税合计（大写）	人民币壹拾壹万壹仟壹佰捌拾柒元陆角叁分				（小写）￥111 187.63		
					￥95 032.16		￥16 155.47
销货单位	名　称：天津泰福进出口有限公司 纳税人识别号：120103758 12535 地址、电话：天津市河西区珠江道 118 号 28365487 开户行及账号：上海浦东发展银行天津分行 77024655310000701		备 注	13060118C	

收款人：　　　　　　复核：　　　　　　开票人：　　　　　　销货单位：（章）

（发票专用章：天津泰福进出口有限公司）

此联不作报销 扣税凭证使用

第一联 记账联 销货方记账凭证

天津海关 进口关税 专用缴款书 (0907)

填发日期：2013年7月1日　　号码 No22022009102919391—A01

收入系统：税务系统

收款单位	收税机关	中央金库			缴款单位（人）	名称	天津泰福进出口有限公司
	科目	预算级次	中央			账号	7702465531000701
	收款国库	交通银行上海市分行营业部				开户银行	浦东发展银行天津分行
	货物名称	数量	单位	完税价格（¥）	税率（%）	税款金额（¥）
税号						
860822029	橡胶制玻璃瓶塞 20MM RUBBER	333.00	千克	213 927.00	10.0000	21 392.70
金额人民币（大写）贰万壹仟叁佰玖拾贰元柒角					合计（¥）	21 392.70
申请单位编号	3109980144	报关单编号	22022009102919391	填制单位	收款国库（银行）
合同（批文）号	13060118C	运输工具	YM UTOPIA	制单人 22319	
缴款期限	2009年7月23日前	提/装货单号	KKLUANR807420*05	复核人	
备注	一般贸易 国际代码：1201037303601048UR 免征关税：照丰征税 2013-7-1				

从填发缴款书之日起限15日内缴纳（期末遇法定节假日顺延），逾期按日征收税款总额万分之五的滞纳金。

第二联：（收据）国库收款签章后缴款单位或缴纳人

天津海关 进口增值税 专用缴款书 （0907）

收入系统：税务系统　　填发日期：2013年7月2日　　号码 No 22022009102919 3891-L02

收款单位	收税机关	中央金库					第一联：（收据）国库收款签章后缴款单位或缴纳人
	科　目	进口增值税	预算级次	中央	缴款单位（人）	名　称	天津泰福进出口有限公司
	收款国库	交通银行上海市分行营业部				账　号	7702465531000 0701
						开户银行	浦东发展银行天津分行
	税号	货物名称	单位	数量	完税价格（¥）	税率（%）	税款金额（¥）
	8608222029	橡胶制玻璃瓶塞 20MM RUBBBR	千克	333.00	235 319.71	17.0000	40 004.35
	金额人民币（大写）	肆万零肆元叁角伍分				合计（¥）	40 004.35
	申请单位编号	3109980144	报关单编号	22022009102919 3891		填制单位	收款国库（银行）
	合同（批文）号	13060118C	运输工具（号）	YM UTOPIA		制单人 223194	
	缴款期限	2013年7月23日前	提装货单号	KKLJANR807420*05		复核人	
	备注	一般贸易　照章征税 2013-7-2 国际代码：12010373036 0104BUR 免征税额：					

从填发缴款书之日起限15日内缴纳（期末退法定节假日顺延），逾期按日征收税款总额万分之五的滞纳金。

附件100

出 库 单

销售单位:天津市启恒科技有限公司　　　　　　　　　　　制单日期:2013年8月1日

品名	规格	件数	数量	单位	单价	金额
胶塞			175 970	个	0.540 0	95 032.16
					销项税款	16 155.47
					价税合计	111 187.63
备注						

附件 101

天津泰福进出口有限公司
结 算 发 票

付款单位：　　　　　　　　　　　　　　　　　　　　　　　制单日期　年　月　日

品名				备注
数量	净重			
	毛重			
国别或地区				
合同号				
国外发票号				
运输方式	海运			
船名或车号				
提单号				
装货日期				
装货口岸				
到货港口	新港			
合计人民币				

开户银行		账号	
货价	@		RMB
价格条件	（CIF. C&F. FOB）		
运费			RMB
保险费	%		RMB
银行费用			RMB
进口关税	%		RMB
增值税款	%		RMB
财务费			RMB
合计			
大写			

部门经理　　　　　　　　　　　复核　　　　　　　　　　制单

代理进口核算岗训练项目一附件

附件 102

上海浦东发展银行 进账单 (收账通知) 3

2013 年 02 月 26 日

出票人	全　称	天津市中山纸业有限公司	收款人	全　称	天津泰福进出口有限公司
	账　号	800787828		账　号	77024655310000701
	开户银行	6199		开户银行	12698

金额	人民币 (大写) 玖万伍仟元整	亿	千	百	十	万	千	百	十	元	角	分
					¥	9	5	0	0	0	0	0

票据种类		票据张数	
票据号码			

复核　　记账　　　　　　　　　　收款人开户银行签章

进账单一式三联：一联是开户银行交给持（出）票人的回单
　　　　　　　二联由收款人开户行作贷方凭证
　　　　　　　三联是收款人开户行交给收款人的收账通知

附件 103

保 险 业 专 用 发 票
INSURANCE TRADE INVOICE

开票日期： 2013 年 02 月 27 日　　　发票联　　发票代码 213000653111
Date of Isure　　　　　　　　　　　INVOICE　　发票号码 02126733

投保人: Payer	天津泰福进出口有限公司			
承保险种: Coverage	出口海洋运输货物保险			
保险单号: Policy No	6042635023009000378	批单号: End. No.		
保险费金额（大写）: Premium Amount (In Words)	美元壹佰陆拾元整	（小写）(In Figures)	USD160	
代收车船税（小写）: Vehicle & Vessel Tax (In Figures)		滞纳金（小写）: Overdue fine (In Figures)		
合计（大写）: Consist (In Words)	美元壹佰陆拾元整	（小写）(In Figures)	USD160	
附注: Remarks				

保险公司名称： 天津市天地保险公司　　复核： 刘替　　　　经手人： 吕家岭
Insurance Company　　　　　　　　　Checked by　　　　　Handler
保险公司签章　　　　　　　　　地址： 天津市河西区乐园道68号杨帆大厦　　电话： 58586100
Stamped by Insurance Company　　Add　　　　　　　　　　　　　　　　　　Tel:
保险公司纳税人识别号　　　　　　　　　　　　　　　　　　　　　　　（手写无效）
Taxpayer Identification No.　　　　　　　　　　　　　　　Not Valid If In Hand Written

第二联　发票联　付款方留存

附件 104

浦发银行 SPD BANK

境内汇款申请书
APPLICATION FOR FUNDS TRANSFERS (DOMESTIC)

致:上海浦东发展银行
TO:SHANGHAI PUDONG DEVELOPMENT BANK

日期 Date

		☑ 电汇 T/T ☐ 票汇 D/D ☐ 信汇 M/T		发电等级 Priority	☐ 普通 Normal ☐ 加急 Urgent
进口核销专用申报号码 BOP Reporting No.		120000	2011 62	470704	2395
20	银行业务编号 Bank Transac. Ref. No.	PA186437	收电行/付款行 Receiver / Drawn on		
32A	汇款币种及金额 Currency & Interbank Settlement Amount		金额大写 Amount in Words		
其中	现汇金额 Amount in FX		账号 Account No./Credit Card No.		
	购汇金额 Amount of Purchase		账号 Account No./Credit Card No.		
	其他金额 Amount of Others		账号 Account No./Credit Card No.		
50a	汇款人名称及地址 Remitter's Name & Address				
☐对公 组织机构代码 Unit Code			☐对私	个人身份证件号码 Individual ID NO. ☐中国居民个人 Resident Individual ☐中国非居民个人 Non-Resident Individual	
54/56a	收款银行之代理行 名称及地址 Correspondent of Beneficiary's Bank Name & Address				
57a	收款人开户银行名称及地址 Beneficiary's Bank Name & Address	收款人在其代理行账号 Bene's Bank A/C No.		SWIFT CODE:	SPDBCNTJ770
59a	收款人名称及地址 Beneficiary's Name & Address	收款人账号 Bene's A/C No.	706889000001231		
70	汇款附言 Remittance Information	只限140个字位 Not Exceeding 140 Characters		71A	国内外费用承担 All Bank's Charges If Any Are To Be Borne By ☐汇款人OUR ☐收款人BEN ☐共同SHA
收款人常驻国家(地区)名称及代码 Resident Country/Region Name & Code					
本笔付款是否为进口核销项下付款		☐是 ☐否		最迟装运日期	
本笔付款请选择: ☐预付货款 Advance Payment ☐货到付款 Payment Against Delivery ☐退款 Refund ☐其他 Others					
付汇性质: 保税区☐ 出口加工区☐ 钻石交易所☐ 离岸业务☐ 深加工结转☐ 其他☐					
交易编码 BOP Transac. Code	101010 ☐☐☐☐☐☐	相应币种及金额 Currency & Amount		合同号 发票号	
外汇局批件号 / 备案号 / 业务编号					

银行专用栏 For Bank Use Only		申请人签章 Applicant's Signature	银行签章 Bank's Signature
购汇汇率 @ Rate	6.0934	请按照贵行背页所列条款代办以上汇款并进行申报 Please Effect The Upwards Remittance, Subject To The Conditions Overleaf:	
等值人民币 RMB Equivalent	1 218.68		
手续费 Commission			
电报费 Cable Charges			
合计 Total Charges	1 218.68	申请人姓名 Name of Applicant 电话 Phone No.	核准人签字 Authorized Person 日期 Date
支付费用方式 In Payment of the Remittance	☐现金 by Cash ☐支票 by Check ☐账户 from Account		
核印 Sig. Ver.		经办 Maker	复核 Checker

填写前请仔细阅读各联背面条款及填报说明
Please read the conditions and instructions overleaf before filling in this application

附件 105

上海浦东发展银行
购汇申请书

日期：2013 年 02 月 27 日

申报号码	☐☐☐☐☐ ☐☐☐☐ ☐☐ ☐☐☐☐☐ ☐☐☐☐
银行业务编号	

客户填写

申请人名称	天津泰福进出口有限公司			
人民币账户账号	77024655310000701			
购汇币种及金额	USD160			
购汇金额大写	美元壹佰陆拾元整			
☐对公 组织机构代码☐☐☐☐☐☐☐☐-☐		☐对私	个人身份证件号码	
			☐中国居民个人　　☐中国非居民个人	
购汇资金去向	☐入本行人民币账户	账　号		
	☐汇出汇款			
	☐其他			
交易编码	☐☐☐☐☐☐			
外汇局批件号/ 备案表号 / 业务编号				
购汇用途	☐经常项目　　　　　　　☐资本项目 用途说明： 支付出口货物保险费			
备注				

第二联　客户回单联

申请人说明
1、本公司（人）向贵公司申请购汇，请审核相关资料、办理申报、按照业务处理时的即期汇率办理结汇，并授权贵行主动扣划本公司（人）的人民币账户。
2、本购汇申请书自签发日起，有效期为十天。
3、购汇申请书日期、购汇币种、购汇金额经涂改，或购汇大小写金额不一致，申请书无效。
4、本公司（人）同意办理上述货币与金额的兑换业务，并承诺交易完成后不予撤销。
5、本公司（人）保证所提供资料的真实性，并承担由此产生的一切后果及法律责任。

银行专用栏	申请人签章	银行签章
成交日期 20130227		
成交汇率 6.2314	申请人姓名	核准人签字
等值人民币金额 997.02	电话	日期
核 印：	经办	复核

填写前请仔细阅读背面填报说明

附件 106

上海浦东发展银行(浦东天津分行营业)收费回单

交易流水:11011321330018　　2013 年 02 月 28 日

付款人账号	77024655310000701	付款人名称	天津泰福进出口有限公司
收费种类	币种	交易金额	收费金额
47 汇出汇款(对公)	美元	USD108 395.66	260.00
93 对公业务电讯费(境外)	美元	USD108 395.66	80.00
合计金额	人民币叁佰肆拾元整		

柜员号:11013213 赵忻

附件 107

SPD BANK

境外汇款申请书
APPLICATION FOR FUNDS TRANSFERS (OVERSEAS)

致：上海浦东发展银行
TO: SHANGHAI PUDONG DEVELOPMENT BANK

日期 Date **2013 02 28**

	☑ 电汇 T/T ☐ 票汇 D/D ☐ 信汇 M/T		发电等级 Priority	☐ 普通 Normal ☐ 加急 Urgent

申报号码 BOP Reporting No.		120000	2011	62	470704	2395
20	银行业务编号 Bank Transac. Ref. No.	**PA186437**	收电行/付款行 Receiver / Drawn on			
32A	汇款币种及金额 Currency & Interbank Settlement Amount	USD108 395.66	金额大写 Amount in Words	美元壹拾万捌仟叁佰玖拾伍元陆角陆分		
其中	现汇金额 Amount in FX		账号 Account No./Credit Card No.			
	购汇金额 Amount of Purchase	USD108 395.66	账号 Account No./Credit Card No.	77024655310000701		
	其他金额 Amount of Others		账号 Account No./Credit Card No.			
50a	汇款人名称及地址 Remitter's Name & Address	TIANJIN TIFERT IMPORT & EXPORT CO.LTD. NO.118 ZHUJIANG RD HEXI DISTRICT, TIANJIN CHINA				
	☐ 对公 组织机构代码 Unit Code **74030610-4**		☐ 对私	个人身份证件号码 Individual ID NO. ☐ 中国居民个人 Resident Individual ☐ 中国非居民个人 Non-Resident Individual		
54/56a	收款银行之代理行 名称及地址 Correspondent of Beneficiary's Bank Name & Address					
57a	收款人开户银行名称及地址 Beneficiary's Bank Name & Address	收款人开户银行在其代理行账号 Bene's Bank A/C No.	SWIFT CODE: CITIBANK(USA) 160 EAST MAIN STREET ALHAMBRA, NEWYORK USA			
59a	收款人名称及地址 Beneficiary's Name & Address	收款人账号 Bene's A/C No. **01808-25570** DAN QINGWELL ENTERPRISE CORPORATION 80 TELEGRAPH ROAD MONTEBELLO, CA 90640, USA				
70	汇款附言 Remittance Information	只限140个字位 Not Exceeding 140 Characters **货款**	71A	国内外费用承担 All Bank's Charges If Any Are To Be Borne By ☐ 汇款人 OUR ☐ 收款人 BEN ☐ 共同 SHA		
收款人常驻国家（地区）名称及代码 Resident Country/Region Name & Code				美国 840		
请选择：☐ 预付货款 Advance Payment ☐ 货到付款 Payment Against Delivery ☐ 退款 Refund ☐ 其他 Others				最迟装运日期		
交易编码 BOP Transac. Code	**1 0 1 0 1 0** ☐☐☐☐☐☐	相应币种及金额 Currency & Amount	USD108 395.66	交易附言 Transac. Remark	**货款**	
是否为进口核销项下付款		☐ 是 ☐ 否	合同号		发票号	DQ-07-021
外汇局批件号 / 备案表号 / 业务编号						

银行专用栏 For Bank Use Only		申请人签章 Applicant's Signature	银行签章 Bank's Signature
购汇汇率 @ Rate	6.2314	请按照贵行背页所列条款代办以上汇款并进行申报 Please Effect The Upwards Remittance, Subject To The Conditions Overleaf:	
等值人民币 RMB Equivalent	RMB675 456.72		
手续费 Commission			
电报费 Cable Charges	RMB600		
合计 Total Charges	RMB676 056.72	申请人姓名 Name of Applicant 电话 Phone No. ☐ 现金 by Cash ☐ 支票 by Check ☐ 账户 from Account	核准人签字 Authorized Person 日期 Date
支付费用方式 In Payment of the Remittance			
核印 Sig. Ver.		经办 Maker	复核 Checker

填写前请仔细阅读各联背面条款及填写说明
Please read the conditions and instructions overleaf before filling in this application

附件108

上海浦东发展银行
购汇申请书

日期：2013 年 02 月 28 日

客户填写	申报号码	□□□□□□ □□□□ □□ □□□□□ □□□□
	银行业务编号	
	申请人名称	天津泰福进出口有限公司
	人民币账户账号	77024655310000701
	购汇币种及金额	USD108 395.66
	购汇金额大写	美元壹拾万捌仟叁佰玖拾伍元陆角陆分
		□对公 组织机构代码□□□□□□□-□　　□对私　个人身份证件号码 □中国居民个人　□中国非居民个人
	购汇资金去向	□入本行人民币账户　账号 □汇出汇款 □其他
	交易编码	□□□□□□
	外汇局批件号/备案表号/业务编号	
	购汇用途	□经常项目　　　　　　□资本项目 用途说明： 代理进口白板纸货款
	备注	

申请人说明

1、本公司（人）向贵公司申请购汇，请审核相关资料、办理申报、按照业务处理时的即期汇率办理结汇，并授权贵行主动扣划本公司（人）的人民币账户。
2、本购汇申请书自签发日起，有效期为十天。
3、购汇申请书日期、购汇币种、购汇金额经涂改，或购汇大小写金额不一致，申请书无效。
4、本公司（人）同意办理上述货币与金额的兑换业务，并承诺交易完成后不予撤销。
5、本公司（人）保证所提供资料的真实性，并承担由此产生的一切后果及法律责任。

银行专用栏	申请人签章	银行签章
成交日期 20130228		
成交汇率 6.2314	申请人姓名	核准人签字
等值人民币金额 675 456.72	电话	日期
核印：	经办	复核

第二联　客户回单联

填写前请仔细阅读背面填报说明

附件 109

天津海关 进口关税 专用缴款书 （1303）

收入系统：税务系统　　　填发日期：2013 年 03 月 07 日　　　号码 No320720130316032768 A01

收款单位	收税机关	中央金库			缴款单位（人）	名称	天津泰福进出口有限公司（天津市中山纸业有限公司）
	科目	进口关税	预算级次	中央		账号	77024655310000701
	收款国库	塘沽支库				开户银行	上海浦东发展银行天津分行

税号	货物名称	数量	单位	完税价格（¥）	税率（%）	税款金额（¥）
4808228001	白板纸	216.8	千克	676 453.74	4.0000	27 058.15

人民币金额（大写）	贰万柒仟零伍拾捌元壹角伍分		合计（¥）	¥27 058.15
申请单位编号	120877005	报关单编号	020220067104168002	填制单位　收款国库（银行）
合同（批文）号		运输工具（号）	270065	制单人 123789
缴款期限	2013 年 3 月 25 日	提/装货单号	ALHP190015163	复核人
备注	一般贸易 照章征税 2013-4-1 国际代码 120101722956733USD			

第一联：（收据）国库收款签章后缴款单位或缴纳人

从填发缴款书之日起限 15 日内缴纳（期末遇法定节假日顺延），逾期按日征收税款总额万分之五的滞纳金。

附件 110

天津海关 进口增值税 专用缴款书 （1303）

收入系统：税务系统　　　填发日期：2013 年 03 月 07 日　　　号码 No 320720130316032768 L02

收款单位	收税机关	中央金库			缴款单位（人）	名称	天津泰福进出口有限公司（天津市中山纸业有限公司）
	科目	进口增值税	预算级次	中央		账号	77024655310000701
	收款国库	塘沽支库				开户银行	上海浦东发展银行天津分行

税号	货物名称	数量	单位	完税价格（¥）	税率（%）	税款金额（¥）
4808228001	白板纸	216.8	千克	703 511.89	17.0000	119 597.02

金额人民币（大写）	壹拾壹万玖仟伍佰玖拾柒元零贰分		合计（¥）	119 597.02
申请单位编号	120877005	报关单编号	020220067104168002	填制单位　收款国库（银行）
合同（批文）号		运输工具（号）	270065	制单人 123789
缴款期限	2013 年 3 月 25 日	提/装货单号	ALHP190015163	复核人
备注	一般贸易 照章征税 2013-4-1 国际代码 120101722956733USD			

第一联：（收据）国库收款签章后缴款单位或缴纳人

从填发缴款书之日起限 15 日内缴纳（期末遇法定节假日顺延），逾期按日征收税款总额万分之五的滞纳金

附件 111

INVOICE

DAN QINGWELL ENTERPRISE CORPORATION

Invoice No: DQ-07-021
Issued date: March 12,2013

80 TELEGRAPH ROAD MONTEBELLO,
CA90640,USA
Tel:(323)888-9888 Fax(323)8886789

TO: TIANJIN TIFERT IMPOR & EXPORT CO.LTD.
NO.118 ZHUJIANG ROAD,HEXI DISTRICT,
TIANJIN,CHINA. Post Code:300221

Ref. No.	Date Shipped	Shipped Via	Shipping Port	Terms
12812706	February24, 2007	MSC CAROLINA-11R	CHARLESTON, SC	CFR Xingang

Container No.	Seal No.	Size	Description	CFR Price USD/MT	Weight (MT)	Amount
GLDU0824670	DJK021	40FT	Mixed size & mixed	$499.98/MT	72	$35 998.56
GSTU7730264	DJK022	40FT	Basis weight rejected	$499.98/MT	72	$35 998.56
MSCU9018861	DJK023	40FT	Bleached kraft paper	$499.98/MT	72.8	$36 398.93
			(24packages)			
			(26packages)			
			(27packages)			
			(77packages)			
					216.8 MT	$108 395.66 USD

Authorized Signature: *Adeeyu*

INVOICE

PAN QINGWEI ENTERPRISE CORPORATION

Invoice No.: DQ-07-021
Issued date: March 12, 2013

110 BLECKMANN RD, MONTEBELLO,
CA91640, USA
Tel.: 323-408-5608 Fax: (323)980-0792

TO: TIANJIN TEERTT IMPORT &EXPORT CO.LTD.
NO.118 ZHUJIANG ROAD, HEXI DISTRICT,
TIANJIN, CHINA.   Post Code: 300221

P.I No.	Ship date	Shipper	Vessel	V. NO.	B/L No.	ETD POL	ETA POD
MST-07C	Feburary 10, 2013		MSC DANILA 145 17R				

Item No.	No. of PKG	PKG Type	Sub-Price(Q'TY)	Description	Item	Item No.	Marks No.
			$450.00/MT	Fired pre-reduced mass weight chipped Briquetted iron	40FT	DK021	CLQU5242450 ESTU7026450
			$498.00/MT	(1packages) (20packages) (27packages) (17packages)	40FT 40FT	DK022 DK023	MSCU5016517

Total:	
72.04 MT	$3,08,396.00 USD

Authorized Signature

附件 112

天津市地方税务局通用机打发票

发票联

发票代码：2120011304013
发票号码：1699526

行业分类：代理业

开票日期：	2013-3-12 10:53						
机打代码：	2120011304013						
机打号码：	16999526						
付款方名称：	天津中山纸业有限公司			付款方纳税人识别号：			
项目分类	结算项目	单位	单价	数量	结算金额	代收代付项目	代收代付金额
代理进口	手续费	RMB	10 146.81	1.00	10 146.81		
				小计：	10 146.81	小计：	
金额合计大写：人民币壹万零壹佰肆拾陆元捌角壹分						金额合计小写：	￥10 146.81
收款方名称：	天津泰福进出口有限公司					收款方纳税人识别号：	12010355039603
开户银行：						开户银行账号：	
付款方式：						开票点名称：	天津泰福进出口有限公司开票点 0001
主管税务机关：	天津市河西区地方税务局					主管税务机关代码：	212010300
备注：	8005					开票人：	徐建

天津市地方税务局印制
不准仿印

第三联 发票联

手开无效

附件113

天津泰福进出口有限公司
代 理 进 口 结 算 单

付款单位：　　　　　　　　　　　　　　　制单日期：　　年　月　日

品名：	开户银行		账号		人民币金额
数量	净重：	货款原币		汇率：	
	毛重：				
国别或地区：	价格条件		(CIF. C&F. FOB)		
合同号	运　费		报关费		
国外发票号	保险费				
运输方式	银行费用				
船名或车号	进口税款				
提单号	增值税款				
装货日期	代垫货款利息				
装货口岸	代理手续费				
到货港口	合　　计				
备注：					
	合计人民币(大写)				

　　　　　　　　　　　　　　　　　　　　　　　　　　制单：

附件114

上海浦东发展银行 进账单 (收账通知)　　　　3

2013年 03 月 12 日

出票人	全　称	天津市中山纸业有限公司	收款人	全　称	天津泰福进出口有限公司									
	账　号	800787828		账　号	77024655310000701									
	开户银行	6199		开户银行	12698									
金额	人民币					亿	千	百	十	万	千	百	十	元	角	分
	(大写)柒拾叁万捌仟捌佰伍拾伍元柒角贰分					¥			7	3	8	8	5	5	7	2
票据种类		票据张数												
票据号码														
		复核　　　记账			收款人开户银行签章									

进账单一式三联：一联是开户银行交给持（出）票人的回单
　　　　　　　　二联由收款人开户行作贷方凭证
　　　　　　　　三联是收款人开户行交给收款人的收账通知

代理进口核算岗训练项目二附件

附件115

进 口 委 托 代 理 协 议

编　　号：2013DBZI4006

签约地点：天津市河西区

签约时间：2013年01月29日

天津泰福进出口有限责任公司（以下简称甲方）

天津市锐驰商贸有限公司（以下简称乙方）

乙方愿按如下条件全权委托甲方代理进口，甲方愿按如下条件接受乙方之委托代理进口下列商品，并达成协议如下：

一、商品名称：硅油纸

单　　价：USD800/吨　　　数　　量：20吨（＋/－10％）

总　金　额：USD16 000.00　　价格条款：CIF天津新港

二、甲方负责按照乙方与外方确认的本协议第一条所规定之内容对外签约，乙方对上述货物的真实性负有全部责任。

三、经甲乙双方协商，甲方按照CIF价格的1.5％收取进口代理费，财务费等银行费用实报实销，代理费不低于￥1 000/票，甲方开具代理费发票。

四、乙方须于协议生效后两个工作日内将RMB50 000（人民币伍万元整）作为定金及预付款付至甲方。

五、甲方在收到乙方交来的定金及预付款后，负责对外签约等手续。

六、进口单据抵达银行后，乙方交付其余货款供甲方付款赎单。

七、货物抵港后，报关、接货、商检等费用由乙方承担。

八、待乙方将全部货款付齐后，委托甲方办理或自行办理有关进口付汇事宜。

九、如国外客户违约或货代后发现品质不符和数量溢耗，由乙方对外进行交涉，由此所产生的一切法律责任及费用均由乙方承担。

十、如乙方违约，将承担甲方一切经济损失和法律责任及所遭受的国外索赔。

十一、在进口报关时，如遇海关查验或估价征税，所产生的一切费用和高出的税款由乙方承担。

十二、本协议如有未尽事宜，双方均有权提出修改或补充，但须双方同意并签字盖章后生效。

十三、本协议除双方明示同意废止外，甲乙双方从履行完毕日期为协议最后日期并自动失效。

十四、如执行本协议过程中发生纠纷，应通过友好协商解决，如协商仍不能取得一致意见，任何一方均有权向本协议签订地人民法院起诉，以保障其合法权益。

十五、本协议正本一式两份，甲乙双方各执一份。

甲方：　　　　　　　　　　　　　　　乙方：

附件 116

Channeled Resources Inc.

240 North Ashland Avenue ◊ Suite 130 ◊ Chicago,IL ◊ 60607 ◊ USA ◊ Tel(312) 733 4200 ◊ Fax (312) 733 1628

Commercial Invoice

Customer/Notify Party TIANJIN CHINAPACK IM.&EXP.CO.,LTD. NO.9,BINSHUI ROAD,HEXI DISTRICT TIANJIN,P.R.CHINA FAX:0086-22-28371797		Consignee TO ORDER		
Order Date 1/22/2013	Customer No. 13010	Purchase Order No. 2013BZI4006(CN858)	Payment terms 50%TT - 50%D/C	MTI Invoice No. 77178
Ship Date 2/6/13	Ship Via: Vessel Hyundai Shanghai 059W	Freight Terms CIF XINGANG	SLSMN WJ	Invoice Date 2/6/13

Item	Quantity	Unit	Description	Unit Price	Amount
1	18.292	MT	Rejected Silicone Paper in Rolls (114gsm width 60-63.25") 28Units Containter No:HDMU4574478 Seal #:SC451780	$800.00 USD	$14 633.60 USD

Order TL $14 633.60 USD
Advance Payment Received $7 983.00 USD
Order Banlance $6 650.60 USD

CHANNELED RESOURCES INC.

Tel.312-733-4200 · Fax.312-733-1628

附件117

收入系统：税务系统

天津海关 进口关税 专用缴款书 (1303)

填发日期：2013年03月08日　　号码 No 02022013031608095 A01

收款单位	收税机关	中央金库			缴款单位（人）名称	天津泰福进出口有限公司（天津市锐悦商贸有限公司）
	科目	进口关税	预算级次	中央	账号	7702465310000701
	收款国库	天津市滨海新区支库			开户银行	上海浦东发展银行天津分行
	税号		货物名称	数量	单位	完税价格（¥）	税率（%）	税款金额（¥）
	4811599900		大气乱鸡堡油纸	18 292.00	千克	91 905.00	7.5000	6 892.88
人民币金额（大写）陆仟捌佰玖拾贰元零角捌分							合计（¥）	¥6 892.88
	申请单位编号	1207280028		报关单编号	02022013102008095		填制单位	收款国库（银行）
	合同（批文）号	2013BZ14006		运输工具（号）	APLDBNYBR		制单人 123789	盖章：①中国工商银行股份有限公司天津第一支行转老章 ②中华人民共和国天津滨关单证专用章
	缴款期限	2013年3月25日前		提/装货单号	DMUTCXG2804568		复核人	
备注	一般贸易　照率征税 2013-3-3 国际代码 120103724452985　USD6.2804							

从填发缴款书之日起限15日内缴纳（期末遇法定节假日顺延），逾期按日征收税款总额万分之五的滞纳金。

附件118

收入系统：税务系统

天津海关 进口增值税 专用缴款书 (1303)

填发日期：2013年03月08日　　号码 No 02022013031608095 L02

收款机关		中央金库		天津泰福进出口有限公司 （天津市锐驰商贸有限公司）		
科　目	进口增值税	预算级次	中央	7702465531000070l		
收款国库	天津市滨海新区支库			上海浦东发展银行天津分行		

税号	货物名称	数量	单位	完税价格（¥）	税率（%）	税款金额（¥）
4811599900	无纺乱麻毡油毡	18 292.00	千克	98 797.88	17.0000	16 795.64

金额人民币（大写）壹万陆仟柒佰玖拾伍元陆角肆分　　　合计（¥）　¥16 795.64

申请单位编号	1207280028	报关单编号	02022013102008095	填制单位	天津国库（银行）
合同（批文）号	2013BZ14006	运输工具（号）	APLDBNVBR	制单人 123789	盖章：①中国工商银行股份有限公司天津第一支行转汇章 ②中华人民共和国天津海关单证专用章
缴款期限	2013年3月25日前	提/装货单号	DMUTCXG2804568	复核人	

备注　一般贸易 照章征税 2013-3-3 国际代码 120103724452985

USD6.2804

从填发缴款书之日起限15日内缴纳（期末遇法定节假日顺延），逾期按日征收税款总额万分之五的滞纳金